In **7** Tagen magische
Kräfte wecken

In **7** Tagen magische Kräfte wecken

Fiona Horne

 **Bauer**

Verlag Hermann Bauer
Freiburg im Breisgau

Die Deutsche Bibliothek – CIP-Einheitsaufnahme

Ein Titeldatensatz für diese Publikation ist bei
Der Deutschen Bibliothek erhältlich

Die englische Originalausgabe erschien 2001
unter dem Titel *7 Days to a Magickal New You*
by Thorsons / HarperCollinsPublishers, UK
© 2001 by Fiona Horne

Deutsch von Marion Zerbst

1. Auflage 2002
ISBN 3-7626-0875-X
© für die deutsche Ausgabe 2002 by
Verlag Hermann Bauer GmbH & Co. KG, Freiburg i. Br.
www.hermann-bauer.de
Umschlagfoto: Karen Djordjevic, Australian
Satz: CSF · ComputerSatz GmbH, Freiburg i. Br.
Druck und Bindung: Kösel GmbH & Co. KG, Kempten
Printed in Germany

Inhalt

Gottes Segen sei mit euch

Folgenden Menschen möchte ich gern meinen
herzlichen Dank und meine tief empfundene Liebe
aussprechen:
Shelli-Anne Couch, Kate Nobelius, Louise McNamara,
Karen Kreiger, Megan Slyfield, Clint Bizzell, Cyndi
Puertas, Krista Vendy, Lydia Visintin, Phyllis Curott,
Dylan Masson, Erika Schulz, Yelba Quinn, Bill Beattie,
Franklin und Mauritzio Winkler, Simone und Zoya
von »Dog-eared Designs«, Gene, Jeff Zaleski, meiner
Mom, meinem Dad und ... dir!

MAGISCHE
VERJÜNGUNGSKUR

Dieses Buch verrät dir, wie du dich innerhalb von sieben Tagen zu ganz neuen magischen Höhenflügen aufschwingen kannst. In dieser kurzen Zeit kannst du all deine verborgenen Fähigkeiten hervorzaubern, deine Konzentration schärfen und dann den Rest deines Lebens mit ganz neuem Schwung und neuer Energie angehen!

Fühlst du dich zu der farbigen, kreativen Welt der Hexen hingezogen, weißt aber noch nicht genau, ob du tatsächlich auch eine Hexe bist? Ich habe die Methoden in diesem Buch aus äußerst wirksamen magischen Praktiken entwickelt, beschreibe sie aber so, dass auch eine »blutige Anfängerin« sie mühelos, mit Erfolg und Spaß in die Praxis umsetzen kann.

Oder bist du vielleicht schon seit einiger Zeit praktizierende Hexe, aber momentan scheint die Entwicklung deiner magischen Kräfte zu stagnieren und du würdest sie gern wieder ein bisschen auf Vordermann bringen? Auch dann ist dieses Buch genau das Richtige für dich.

Dieses magische 7-Tage-Programm schenkt dir auf
ganz einmalige Art neue Kraft. Wenn du voller
Energie und Selbstvertrauen bist, lösen sich viele
Probleme ganz von allein. Wenn du mit deinem
weisen inneren Ich in Verbindung stehst, findest du
dich viel leichter in der Außenwelt zurecht. Negative
Gedanken und Verhaltensmuster verwandeln sich in
positive und ganz neue Lebensmöglichkeiten tun sich
vor dir auf.

Wenn du die magische Seite deines Wesens wirklich
stärken möchtest, nimmst du am besten eine Woche
Urlaub – lass deine Arbeit und alle sonstigen
Verpflichtungen einmal hinter dir. Falls es ganz
unmöglich sein sollte, die Ansprüche deines Berufs,
deiner Familie oder deines Partners für eine Woche
abzuschütteln, kannst du aber auch einen einzelnen
Tag oder ein paar Tage aus dieser magischen
Verjüngungskur herausgreifen und nach Belieben in
deinen Zeitplan einbauen.

Aber vergiss nicht: Egal, ob du nur einen Tag oder die ganze Woche dieses Programms durchziehst – es erfordert Engagement und Hingabe! Schließlich ist das kein Urlaub, sondern Arbeit. Einige Aufgaben sind sicher kinderleicht, andere werden dir schon schwerer fallen – aber die Resultate sind auf jeden Fall der Mühe wert!

Letztlich besteht das Ziel dieses Programms darin, ein Gefühl für die magische Seite deines Wesens zu entwickeln. Geh mit Spaß und Abenteuerlust an dieses Erlebnis heran. Und vergiss nicht, dass die Vorgaben in diesem Buch dir nur als Inspiration dienen sollen. Natürlich kannst du alle Anleitungen buchstabengetreu befolgen, aber seine eindrucksvollsten magischen Erlebnisse verschafft sich jeder selbst. Also scheu dich nicht, auf eigene Faust zu experimentieren und meine Vorschläge ganz nach deinen Wünschen abzuwandeln.

Versuch deine magische Woche so zu legen, dass sie in die Zeit des zunehmenden Mondes und Vollmonds fällt (diese Phase magischer Hochspannung eignet sich für solche Unternehmungen besonders gut). Aber auch das ist keine unbedingte Voraussetzung – selbst wenn manchen Ritualen während dieser Mondphasen eine ganz besondere Kraft innewohnt. Wenn du dich richtig konzentrierst, wird dieses Programm auf jeden Fall ein durchschlagender Erfolg für dich werden – egal, ob der Mond gerade ab- oder zunimmt.

Einen Großteil dieser Woche wirst du allein verbringen. Du musst also einen Ort finden, an dem du dich ganz ungestört deinen magischen Experimenten widmen kannst. Am besten füllst du Kühlschrank und Vorratskammer mit jeder Menge frischer, hochwertiger Nahrungsmittel auf. Es geht hier aber nicht um eine Diät – du solltest deine magische Woche nicht mit einer Abmagerungskur kombinieren!

Das würde dich nur ablenken. Außerdem sollst du im Rahmen dieses Programms ohnehin über die vorgefassten Schönheitsideale und den üblichen Verhaltenskodex unserer Gesellschaft hinauswachsen und dich bedingungslos als das akzeptieren, was du bist: eine erstaunliche Persönlichkeit. Frische, naturbelassene Nahrungsmittel sind leicht verdaulich und liefern Körper und Geist wertvolle Nährstoffe, die dir deine magische Arbeit leichter machen werden.

Lies dieses Buch gründlich und leg eine Liste all der Dinge an, die du brauchst (Kräuter und Öle für die verschiedenen Zaubertränke und Rituale, Kerzen, Bücher usw.). Am besten versuchst du dir alles zu beschaffen, ehe du mit dem Programm beginnst. Dann brauchst du dein Refugium nur für die Durchführung von ein oder zwei Ritualen oder zwischendurch einmal für einen schönen Spaziergang im Park, im Wald oder am Strand zu verlassen. Denk auch daran, den Hörer neben das Telefon zu legen und dein Handy auszuschalten, wenn du ganz ungestört sein willst!

Ehe du mit der magischen Arbeit beginnst, solltest du dich mit den Aufgaben in diesem Buch richtig vertraut machen. Es empfiehlt sich sogar, die geplanten Aktivitäten jeweils bereits am Vortag in Gedanken durchzugehen. Der Schlüssel zu wahrer innerer Wandlung ist Zielstrebigkeit und Konzentration. Wenn du dir den ganzen Tag Gedanken darüber machst, dass du etwas vergessen oder falsch gemacht haben könntest, oder anderweitig abgelenkt bist, wirst du nicht die gewünschten Resultate erzielen.

✳ **ANMERKUNG:** *Wenn du dieses Buch einmal durchgeblättert und beschlossen hast, beispielsweise nur das Mittwochsprogramm zu absolvieren, solltest du vorher trotzdem das ganze Buch von vorn bis hinten durchlesen. Es enthält jede Menge Ratschläge und Tipps, die dir den Start leichter machen können.*

MAGISCHE EINKAUFSLISTE

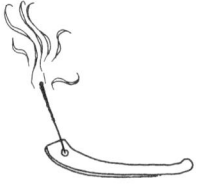

Es folgt nun eine Liste von Dingen, die du brauchst (allerdings sind es jeden Tag etwas andere Utensilien, daher solltest du alles erst einmal durchlesen und dann eine umfassende Einkaufsliste schreiben). Die Artikel sind in allen gut sortierten Reformhäusern, Naturkostgeschäften und Esoterikläden erhältlich.

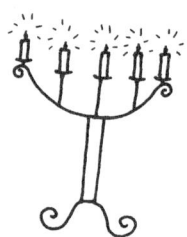

* *Räucherstäbchen*
* *Kerzen*
* *Kräuter*
* *Öle*
* *Kristalle*
* *gepresste Holzkohle*
* *Zange oder Pinzette*
(um die Holzkohle beim Anzünden festzuhalten)
* *Streichhölzer*
* *Sand*
* *hitzebeständige Schale*
(um Sand einzufüllen und Kohle darauf zu verbrennen –
etwa ein Keramikaschenbecher oder eine Tonschale)
* *Mörser und Stößel zum Zermahlen von Räucherwerk*
* *»Buch der Schatten« – ein Arbeitsbuch,*
in das du all deine Erlebnisse und Erkenntnisse einträgst
(press ein Maulbeer- oder Lorbeerblatt darin,
damit es seine Geheimnisse bewahrt – denn du bist
die einzige Person, die es lesen soll!)
* *Duftlampe*
* *Traumtagebuch – das kann ein ganz einfaches Notizbuch*
sein, in dem du deine Träume notierst. Du kannst
sie allein mithilfe deiner Intuition analysieren oder dir
ein »Traum-Wörterbuch« kaufen.

Vielleicht kommt es dir so vor, als sei das ein ganz schöner Aufwand – aber das ist ja gerade das Gute daran! Für Dinge, die schwer zu beschaffen sind, nenne ich zwar immer leicht erhältliche Alternativen, auf die du ausweichen kannst, wenn es wirklich nicht anders geht. Aber ich empfehle dir, auch die ausgefalleneren Kräuter und esoterischen Accessoires ausfindig zu machen, wenn du wirklich optimal von deiner magischen Verjüngungskur profitieren möchtest. Alles, was sich wirklich lohnt, erfordert Mühe. An anderen Stellen in diesem Buch findest du auch viele einfache, alltägliche Hilfsmittel, mit denen du mehr Magie in dein Leben bringen kannst. Aber der Sinn dieses 7-Tage-Programms besteht nun einmal darin, deine magischen Kräfte zu (re-)aktivieren und dein ganzes Potential zu entfalten. Also krempel die Ärmel hoch und stürz dich mit Feuereifer hinein – du bist es wert!

VORBEREITUNG

DEIN MAGISCHER ALTAR

Es ist eine gute Idee, für diese Woche einen Altar oder Schrein zu errichten. Damit weihst du den Ort für dein 7-Tage-Programm und verschaffst dir Unterstützung bei deinen magischen Aktivitäten! Stell den Altar an einem gut sichtbaren Ort auf: Dann wirst du jedes Mal, wenn du daran vorbeigehst, an dein Vorhaben erinnert, dich auch wirklich hundertprozentig deiner magischen inneren Wandlung zu widmen. Du kannst im Lauf des Tages auch ab und zu vor dem Altar niederknien, dich ganz auf deine magischen Aufgaben konzentrieren und deine morgendliche Affirmation wiederholen. Dein Altar sollte die vier Elemente – Feuer, Erde, Wasser, Luft – verkörpern und noch ein paar andere Gegenstände enthalten.

✷ *FEUER: eine dicke weiße Kerze*
(vielleicht mit Vanilleduft – das schenkt dir neue Energie)

✷ *ERDE: eine Schale mit Meersalz und/oder*
ein Quarzkristall

✷ *WASSER: ein Kelch mit Quellwasser*
(füll ihn jeden Tag mit frischem Wasser und füg eine Prise
Salz hinzu, um das Wasser rein zu halten)

✷ *LUFT: Weihrauch, eine Duftlampe oder eine Feder*

✷ *frische Blumen oder eine Pflanze*
(als Tribut an die Erde)

✷ *ein Foto, das dich inspiriert*
(vielleicht von einer Göttin, einem Tier, dessen
Eigenschaften du bewunderst, oder einer schönen
Landschaft, die ein Gefühl inneren Friedens in dir weckt)

FÜHR TAGEBUCH

Vielleicht möchtest du dir eine Polaroid-Kamera
zulegen, um Fotos von deinem Altar und deinen
Ritualen zu machen – denn du wirst deine Fortschritte
in diesem »Buch der Schatten« festhalten, um dich
später einmal davon inspirieren zu lassen. Also sei
ruhig kreativ! Du kannst zum Beispiel ein paar von
den Blumen pressen, die du für deine Rituale
verwendest, und sie mit Wachstropfen von deinen
magischen Kerzen aufs Papier bannen. So bewahrst du
dir die Essenz deiner rituellen Arbeit.

ÖLMISCHUNG

Ich empfehle für jeden Tag eine andere Mischung aus
ätherischen Ölen, die dir Kraft für deine magische innere
Wandlung schenken soll. Du brauchst diese Öle nicht unbedingt,
aber sie erleichtern dir dein Programm. Vermisch zwei oder drei
Tropfen der empfohlenen Öle mit einem Teelöffel Trägeröl, zum
Beispiel Mandel-, Oliven-, Weizenkeim- oder Jojobaöl. Benetz mit
dem Zeigefinger deiner rechten Hand (Linkshänder nehmen die
linke Hand) dein Drittes Auge, dein Kehlkopfchakra, dein
Herzchakra und dein Solarplexuschakra mit diesem Öl. Das
Dritte Auge liegt zwischen den Augenbrauen und ist der Sitz
deiner übersinnlichen Fähigkeiten. Auf deinem Kehlkopfchakra
verbessert das Öl deine Kommunikationsfähigkeit; in deinem
Herzchakra weckt es lautere Absichten und reine Liebe. Auf dem
Solarplexuschakra – es liegt direkt unterhalb des Brustkorbs –
stärkt es deine Verbundenheit mit allem Leben. Bestreich auch
die Oberseite deiner Füße mit dem Öl, um in Anmut durch die
Welt zu gehen.

Tu das voller Ehrfurcht jeden Tag bei Sonnenaufgang und
Sonnenuntergang – und sei dir dabei bewusst, dass du nicht
Parfüm auftupfst, sondern dich mit ganz besonderen Ölen salbst,
deren Mischung einer magischen Absicht dient.

DEINE TÄGLICHEN RITUALE

Die folgenden Anleitungen sind fester Bestandteil
eines jeden Tagesprogramms; sie bilden den Rahmen
für deine täglichen magischen Handlungen. Dabei
geht es um bestimmte Affirmationen, die du
aussprechen, Kräutertees, die du trinken, und
Aufgaben, die du erfüllen musst. Natürlich kannst du
nach Belieben auch noch andere magische Aktivitäten
in diesen Rahmen einbauen. (Du kannst zum Beispiel
dein Traumtagebuch analysieren, ein Buch lesen, das
dich inspiriert, dir einen mystischen Film anschauen
oder positive Pläne für die Zukunft schmieden.
Wichtig ist dabei nur, dass du ganz egoistisch bist und
ausschließlich das tust, was dir Freude macht und dich
motiviert!)

Beim Aufwachen

Reck und streck dich genüsslich im Bett und fühl dich
wohl in deinem Körper. Denk daran, was für ein
außergewöhnliches Geschöpf du bist: ein menschliches
Wesen mit wunderbaren Fähigkeiten, ein Kind des
Universums. Mach dir vor dem Aufstehen bewusst,
dass du dir diese Woche oder diesen Tag extra
freigenommen hast, um deine inneren Kräfte zu
erforschen und weiterzuentwickeln. Dein
Traumtagebuch sollte immer neben deinem Bett
liegen. Schreib hinein, an welche Träume du dich
noch erinnern kannst und was dir daran
bedeutungsvoll erscheint, damit du sie später
analysieren kannst. Achte dabei besonders auf
Traumsymbole oder Erkenntnisse, die Einfluss auf
deine magischen Praktiken für den kommenden Tag
haben könnten.

Nun atmest du fünfmal tief ein und aus und konzentrierst dich darauf, wie der Atem langsam in deinen Körper hinein- und wieder hinausströmt. Steh mit einem Gefühl inneren Friedens und heiterer Gelassenheit auf, wasch dir das Gesicht und geh hinaus in den Garten, auf den Balkon oder stell dich an ein geöffnetes Fenster, wo du die frische Luft und vielleicht sogar die Sonne auf dem Gesicht spürst. Dann entbietest du der Sonne den Drudenfußgruß.

Drudenfußgruß

Berühr mit dem rechten Zeigefinger nacheinander dein Drittes Auge (zwischen den Augenbrauen), deine linke Brust, rechte und linke Schulter, deine rechte Brust und dann wieder dein Drittes Auge. Das ist der heilige fünfeckige Stern, das Pentagramm der Hexen. Sag dabei entweder laut oder in Gedanken: »Ich weihe mich in vollkommener Liebe und vollkommenem Vertrauen den universalen magischen Kräften.«

Gesichtswaschung

Die uralte morgendliche Gesichtswaschung der Yogis
versetzt dich in einen Zustand innerer Ruhe und
Konzentration. Nimm etwas Wasser in den Mund und
besprit dann dein Gesicht mit geöffneten Augen
zwölfmal mit Wasser. Offensichtlich löst das in uns
eine Art »Tauch-Reaktion« aus und führt uns in die
Zeit zurück, als wir noch friedlich und geborgen im
Fruchtwasser des Mutterleibs schwebten. Diese Praktik
ruft in uns wieder jenes ruhige Gefühl der Einheit mit
der Welt hervor, das wir damals hatten.

Innere Reinigung

Reinigungselixier

Du brauchst dazu:

✳ *1,5 Liter Quellwasser*
✳ *1 Handvoll getrocknete Baldrianblätter (Hexen schätzen Baldrian wegen seiner reinigenden Wirkung; wenn du keinen Baldrian bekommst, kannst du stattdessen aber auch Lavendel – ebenfalls eine Pflanze mit reinigenden Kräften – nehmen)*
✳ *einen klaren Quarzkristall (um dein Reinigungselixier mit magischen Kräften aufzuladen)*

Lass das Wasser mit dem Kraut in einem großen Topf fünf Minuten lang auf kleiner Flamme kochen. Dann gießt du das Wasser durch ein Sieb in einen Behälter und legst den Kristall hinein. Dusch jetzt mit der Absicht, nicht nur deinen Körper zu reinigen, sondern auch überschüssige Energien abzuspülen, die sich während deiner Reise durch die Nacht angesammelt haben (Träume!).

Danach übergießt du dich vom Hals abwärts mit einer Tasse deines Elixiers. Wenn du statt der Dusche lieber ein Bad nehmen möchtest, reibst du dich hinterher von oben nach unten mit dem Elixier ein und tupfst deinen Körper anschließend behutsam mit einem Handtuch trocken.

Dann ziehst du die für den jeweiligen Tag empfohlene Kleidung an. Wenn du auch Make-up auftragen oder dich besonders schön machen möchtest, ist das völlig in Ordnung! Lass deiner Kreativität freien Lauf und freu dich an dir! Ich persönlich trage zum Beispiel gern glitzernden Pigmentpuder auf, der mich wie eine Mondgöttin schimmern lässt. Du kannst dich der Welt aber auch so schlicht und natürlich präsentieren wie an dem Tag, an dem du geboren wurdest!

✳ TIPP: *Du solltest als Teil deines Abendrituals stets ein magisches Bad nehmen. Wenn du keine Badewanne hast, kannst du stattdessen auch duschen, anschließend die jeweiligen ätherischen Öle in einem großen Behälter mit warmem Wasser vermischen, ein weiches Tuch hineintauchen und dich damit abtupfen.*

Chakra-Meditation

Die folgende Meditation solltest du jeden Morgen durchführen – nicht nur, um dich zu sammeln und auf den kommenden Tag zu konzentrieren, sondern auch, um dich zu stärken, indem du die Verbindung zwischen deiner Lebenskraft und der Kraft des Universums ganz bewusst wiederherstellst.

Du brauchst dazu:

✳ *einen langen Sarong oder ein Stück Stoff in einer hellen Farbe (zum Beispiel in einem schimmernden Blassblau), das so lang ist, dass du ausgestreckt darauf liegen kannst*
✳ *1 weiße Kerze*
✳ *1 rote Kerze*

✳ T ɪ ᴘ ᴘ: *Du kannst den Meditationstext langsam auf Kassette sprechen: Dann brauchst du ihn nicht mühsam aus deinem Gedächtnis abzurufen, sondern kannst dich ganz deinen inneren Bildern hingeben.*

Breite den Sarong auf dem Boden aus und zünde die Kerzen an. Stell die rote Kerze zu deinen Füßen und die weiße Kerze an deinem Kopfende auf. Jede Kerze sollte mindestens 30 Zentimeter Abstand von deinem Körper haben, wenn du ausgestreckt daliegst.

Nun legst du dich so auf den Sarong, dass deine Handflächen nach oben zeigen. (Wenn du möchtest, kannst du auch im Sitzen – entweder auf dem Sarong oder auf einem Stuhl – meditieren. Das ist eine gute Alternative für Menschen, die im Liegen leicht einschlafen!) Entspann dich. Atme siebenmal langsam und tief ein und aus und spür, wie die Luft nicht nur durch deine Lungen, sondern durch deinen ganzen Körper strömt.

✳ *Konzentrier dich auf dein unterstes Chakra am Steißbein: das Wurzelchakra. Sieh es vor deinem inneren Auge als eine Art »Rad« in einem tiefen, erdigen Rot – und spür, wie es in dir pulsiert. Sobald du das klar und deutlich vor dir siehst, fühlst du, wie das Rad sich im Uhrzeigersinn zu drehen beginnt. Spür die starke zentrierende Kraft dieses Chakras. Als Nächstes siehst du vor deinem inneren Auge, wie es als roter Lichtstrahl tief in die Erde hinabreicht, dich erdet und innerlich mit der Erdgöttin Gaia verbindet.*

✳ *Sobald du diese Verbindung intensiv spürst, wendest du deine Aufmerksamkeit dem nächsten Chakra zu: dem Sexualchakra direkt über deinem Schambein, das ebenfalls pulsiert und sich dreht. Sieh es vor deinem inneren Auge in einem klaren, aber sehr kräftigen Orange – wie der leuchtende Funke eines Vulkans.*

✳ *Jetzt kommt das nächste Chakra dran: das Solarplexuschakra unter deinem Brustkorb – der Sitz dessen, was du »aus dem Bauch heraus« fühlst. Es ist von einem reinen, leuchtenden Gelb wie Ringelblumen. Sieh, wie es sich in dir dreht und pulsiert.*

✳ *Als Nächstes konzentrierst du dich auf dein Herzchakra;
es pulsiert und dreht sich in einem sanften Grün, der Farbe
zarter junger Grashalme.*

✳ *Nun lass deine Konzentration weiter aufsteigen bis zum
Kehlkopfchakra, das im Azurblau des klaren Himmels
pulsiert und sich dreht.*

✳ *Jetzt ist das Stirnchakra oder »Dritte Auge« an der
Reihe; es pulsiert und rotiert in einem leuchtenden
Dunkelblau – der Farbe eines tiefen tropischen Ozeans.*

✳ *Zuletzt wendest du deine Aufmerksamkeit dem
Scheitelchakra zu, das von einem kristallklaren, hellen
Violett ist, so wie der Himmel manchmal bei
Sonnenuntergang. Konzentrier dich darauf, wie es sich
dreht und pulsiert, und spür das Prickeln auf deiner
Kopfhaut, wenn du dein Scheitelchakra dem Universum
öffnest. Sieh, wie ein unendlich heller diamantweißer
Lichtstrahl vom Himmel herabblitzt und sich mit deinem
Scheitelchakra verbindet.*

Nun stellst du dir vor, wie all deine Chakren sich mit diesem Licht aufladen, das ihre jeweilige Farbe noch intensiviert, und sich immer schneller und schneller drehen. Dann visualisierst du, wie das weiße Licht durch das rote Band deines Wurzelchakras, das dich mit der Erde verbindet, hindurchschießt. Spür, wie geerdet du bist, während du dich mit der reinsten Energie auflädst, die es gibt. Sieh deine Chakren schimmern wie eine wunderschöne, farbige Perlenkette und fühl, wie dein ganzes Wesen von Kraft erfüllt wird.

Dann schließt du dein Wurzel- und dein Scheitelchakra langsam wieder, indem du dir vorstellst, wie diese Chakren sich zu drehen aufhören und ihre Energie in sich verschließen. Als Nächstes siehst du, wie die übrigen Chakren allmählich wieder in ihren ursprünglichen Zustand zurückkehren. Atme dreimal tief ein und aus und schlag die Augen auf. Nun bist du zentriert, mit Energie aufgeladen und bereit für einen Tag voller erstaunlicher Erlebnisse!

Morgendliche Affirmation

Du beginnst jeden Tag mit einer anderen Affirmation, die du am besten direkt nach deiner Chakra-Meditation sprichst. Lern die Worte entweder auswendig oder lies sie ab und sprich sie dreimal hintereinander langsam und deutlich aus. Wenn du möchtest, kannst du die Affirmation auch während des Tages öfter einmal wiederholen, damit deine Konzentration auf deinen inneren Vorsatz nicht nachlässt.

Ritual für das Ende des Tages

Stell dich nach einem harten magischen Arbeitstag kurz vor dem Zubettgehen draußen ins Mondlicht oder vor ein geöffnetes Fenster und beende den Tag mit dem Drudenfußgruß. Im Bett liest du am besten ein gutes Hexenbuch – zum Beispiel *Im Namen der großen Göttin*, Phyllis Curotts autobiographischen Roman. Leg Traumtagebuch und Stift griffbereit neben dein Bett, damit du dir am nächsten Morgen als Erstes Notizen über deine nächtlichen Abenteuer machen kannst.

Montag

ÜBERSINNLICHER START

IN DIE WOCHE

Der MONTAG wird vom Mond regiert. Das ist der ideale Tag, um mit deinem innersten Ich in Verbindung zu treten. Am Montag kannst du deine intuitiven und inspirativen Fähigkeiten stärken und weiterentwickeln und ein Gefühl tiefen inneren Friedens und großer persönlicher Kraft erfahren.

An diesem Tag kannst du auch deine übersinnlichen Kräfte und deine hellseherischen Gaben vertiefen – du kannst in die Zukunft oder in den Bereich »zwischen den Welten« schauen und dort neue Erkenntnisse gewinnen und innere Führung finden.

Wenn du dein 7-Tage-Programm so legen kannst, dass am Montag gerade – oder wenigstens fast – Vollmond ist, umso besser!

Ölmischung

Misch je einen Tropfen Lavendel-, Geranien- und Bergamottöl mit einem Teelöffel Trägeröl. Falls dein Budget das nicht erlauben sollte: Drei Tropfen Geranienöl tun es auch!

Kleidung

Trag heute Weiß, einen blassen Lavendelton oder Silberblau – schlichte, fließende Kleidung ohne viel Schnickschnack.

DEINE AFFIRMATION FÜR MONTAG

»Ich weihe mich heute dem Ziel,
Meine Sensibilität zu erhöhen,
Meine inneren Kräfte freizusetzen,
Und zu erfahren, was ich alles sein kann.«

Konzentrier dich total auf den Sinn dieser Worte und
auf deinen Wunsch, ganz im Einklang mit dir selbst zu
sein, während du mit deinen verborgenen Fähigkeiten
in Kontakt trittst.

Kräutertee

✳ **JASMIN:** *Dieser Strauch blüht nachts und ist dem Mond geweiht. Pflück frische Jasminblüten, übergieß sie mit kochendem Wasser und lass sie ziehen (1 Handvoll Blüten pro Teekanne). Falls es keine frischen Blüten gibt, kannst du auch chinesischen Jasmintee kaufen. Wenn du möchtest, kannst du den Tee zu den Mahlzeiten trinken – er fördert die Verdauung.*

✳ **BEIFUSS:** *Beifußkraut ist ein magisches Stärkungsmittel, das deine übersinliche Wahrnehmung und deine Visionen intensiviert. Nimm drei Esslöffel getrocknete Beifußblätter für eine große Teekanne und halte den Tee auf einem Stövchen warm. Er sollte nicht zu stark sein, denn du solltest mindestens vier Tassen davon über den Tag verteilt trinken. Süß ihn mit etwas Honig. Beifußtee ist in den meisten Apotheken erhältlich; du kannst stattdessen aber auch Kamille nehmen.*

MYSTISCHER MONTAG

Leg die Hilfsmittel, mit denen du in die Zukunft schauen willst, bereit: Tarotkarten, eine Kristallkugel, Runen, Teeblätter – je nachdem, wozu du dich am stärksten hingezogen fühlst. Widme dich in der ersten Tageshälfte dem Studium der Wahrsagemethode deiner Wahl: Vertief dich am Morgen in die entsprechende Lektüre, um dich auf dein abendliches Ritual vorzubereiten. Heute ist ein friedlicher, nachdenklicher Tag. Also geh langsam und bedächtig vor und lass deine Gedanken ruhig schweifen, wohin sie wollen; verbring den ganzen Tag in einem leicht meditativen Zustand. Alle drei Stunden eine mit Honig gesüßte Tasse Beifußtee zu trinken wird dir dabei helfen.

GÖTTLICHES TRAUMKISSEN

Am Nachmittag nähst du dir dann ein Traumkissen.
Wenn du dieses Kissen unter oder dicht neben deinen
Kopf legst, während du schläfst, wird es dir
Erleuchtung schenken und dir in deinen Visionen die
Zukunft zeigen.

Du brauchst dazu:
❋ *2 Handvoll getrocknetes Beifußkraut (oder
Kamillenblüten)*
❋ *1 Handvoll Lavendel*
❋ *1 Handvoll schwarze Mohnsamen*
❋ *2 quadratische, violette Samtstücke*
❋ *Sandelholz-Räucherstäbchen*

Weih deinen Arbeitsplatz, indem du eine weiße Kerze
und Sandelholz-Räucherstäbchen anzündest. Näh das
Kissen an drei Seiten zusammen und füll es mit den
Kräutern und dem Mohn.

Nun nähst du sorgfältig die vierte Seite zu und singst dabei folgende Beschwörungsformel vor dich hin:

»Göttliche Träume,
Kommt zu mir,
Tiefer Schlaf,
Enthülle mir deine Geheimnisse!«

Wenn das Kissen fertig ist, schwenkst du es dreimal durch den Rauch des Sandelholzes und sagst dabei:

»Heiliger Mondrauch,
Ich ehre dich
Und rufe deinen Segen an.
Eins, zwei, drei.«

Trink noch eine Tasse Beifußtee und ruh dich dann ein Weilchen mit dem Kissen unter dem Kopf aus. Leg Stift und Notizblock neben dich.

Schließ die Augen und gehe auf eine Meditationsreise:

Du liegst wohlig geborgen in einer silbernen Wolke –
sie ist ganz weich und durchscheinend – und schwebst
schwerelos dahin.
Das Licht des Vollmonds übergießt deine Haut mit
einem sanft schimmernden Glanz. Du bist ruhig, gelassen
und vollkommen.
Spüre nun, wie das Mondlicht sanft in deine Haut eindringt
– bis in dein innerstes Wesen – und dein Bewusstsein
nach innen richtet.
Nimm dieses Gefühl ganz deutlich wahr,
vertrau darauf, dass du sicher und geborgen bist,
und lass das reine, alles durchdringende Licht des Mondes
all deine Gedanken und Gefühle enthüllen.

Wenn du die Augen wieder aufschlägst, schreibst du
alles nieder, was dir während deiner Reise offenbart
wurde: Positives, vielleicht auch Negatives. Lege deine
Notizen beiseite, du wirst sie später brauchen. Du
kannst jetzt ein bisschen schlafen oder einen
gemütlichen Spaziergang an der frischen Luft
machen. Lass deine Gedanken weiterhin frei
und ungehindert umherschweifen und sprich
mit niemandem.

VORBEREITUNG AUF DIE ZUKUNFT –
RITUAL BEI SONNENUNTERGANG

Wenn die Sonne untergeht, wird es Zeit für dein Abendritual, das deine persönliche Kraft und deine Fähigkeiten stärkt.

Räucherwerk

Zunächst zermahlst und vermischst du ein paar Ingredienzien, die deine hellseherischen Gaben fördern: zwei Teelöffel Sandelholz, einen Teelöffel Iriswurzel, vier Gewürznelken, einen halben Teelöffel Muskat und vier Tropfen Zitronenöl.

✳ **ALTERNATIVE:** *Wenn du keine dieser Zutaten bekommen kannst, nimmst du stattdessen Jasmin-Räucherstäbchen.*

✳ **TIPP:** *Räucherwerk herzustellen, ist ganz einfach. Du brauchst dazu vor allem Geduld, dann die nötigen Zutaten und Mörser und Stößel. Zermahl stets zuerst die trockenen Bestandteile zu Pulver und vermisch sie gut miteinander. Dann fügst du langsam – Tropfen für Tropfen – die ätherischen Öle hinzu und verrührst alles gut.*

Wähl ein oder zwei Tarotkarten oder Runen aus, zu denen du dich besonders hingezogen fühlst. Wenn du mit einer Kristallkugel oder mit Teeblättern arbeitest, suchst du dir ein Foto, das deine Kreativität anregt und dich inspiriert. Zünde jetzt eine weiße Kerze an und leg die Karten, die Runen oder das Bild davor.

Dann verbrennst du dein Räucherwerk für die Zukunftsschau, versenkst deinen Blick darin und meditierst. Denk darüber nach, warum dich gerade diese Bilder angezogen haben und was dir das über dich verrät. Wenn du damit fertig bist, schreibst du alle wichtigen Gedanken und Erkenntnisse, die aufgekommen sind, in dein Buch der Schatten.

RITUAL ZUR STÄRKUNG DEINER ÜBERSINNLICHEN FÄHIGKEITEN

Dieses Ritual sollte nach dem Abendessen stattfinden. Iss lieber nur etwas Leichtes – mit vollem Magen fällt es manchmal schwer, sich zu konzentrieren.

Weih deinen magischen Arbeitsplatz zunächst einmal mit drei weißen und drei silbernen Kerzen. Schmück den Fuß der Kerzen zu Ehren der Mondgöttin mit weißen Blumen. Dann breitest du ein schwarzes oder silbernes Tuch für deine Zukunftsschau aus. Leg einen Amethyst, Mondstein oder schwarzen Obsidian auf deinen Altar, um deine übersinnlichen Fähigkeiten zu stärken, und stell das Hilfsmittel bereit, das du für deine Weissagung benutzen möchtest. Jetzt zündest du die Kerzen und das Räucherwerk an und sorgst dafür, dass nichts in Brand geraten kann.

Nun nimm ein Bad mit sechs Tropfen deiner
Ölmischung und trink noch eine Tasse Beifußtee, um
dich auf dein Ritual vorzubereiten. Bade im
Lichtschein einer weißen Kerze und konzentrier dich
auf dein Ziel: mit deinem innersten Selbst in Kontakt
zu treten und herauszufinden, wie du deine Kräfte
und Fähigkeiten am besten freisetzen kannst.
Führ das nun folgende Ritual nackt (ein reiner,
vollkommener Zustand) oder in einem weißen,
lavendelfarbenen oder blassblauen Kleid durch.

Du hast für dein Ritual bereits einen heiligen Ort in
der physischen Welt geschaffen. Nun ist es Zeit, auch
auf der Astralebene einen solchen Ort vorzubereiten.
Ruf die Dreifache Göttin an und bitte sie, bei deinem
Ritual zugegen zu sein und es zu segnen:

»Mondgöttin – Jungfrau/Mutter/Greisin,
Erleuchte mein Bewusstsein mit deinem strahlenden Glanz.«

Meditiere darüber, wofür du die Weissagung nutzen möchtest – und zwar auf der Grundlage der Erkenntnisse, die dir während deiner bisherigen Meditationen an diesem Tag zuteil geworden sind. Würdest du gern mehr Einsichten im Hinblick auf ein bestimmtes Problem gewinnen? Brauchst du Klarheit über die Richtung, die du in deinem Leben einschlagen sollst? Oder bist du ganz zufrieden mit deiner momentanen Entwicklung, hättest aber gern ein paar Hinweise darauf, wie es in Zukunft weitergeht? Nun lies beim Duft des Räucherwerks die Zukunft mithilfe der Weissagungsmethode, die du dafür gewählt hast. Nimm dir Zeit und lasse deiner Intuition freien Lauf. Anschließend schreibst du alle Erkenntnisse auf, die du gewonnen hast, und notierst auch, welche Schritte notwendig sind, um etwaige Probleme zu lösen.

Danach sprichst du folgende Zauberformel:

»Kommt zu mir aus dem Reich zwischen den Welten,
Ihr Geheimnisse meines innersten Wesens.
Alle Zeit ist jetzt,
Und ich weiß,
Wie ich das Beste in mir ans Licht bringen kann.«

Nimm dir Zeit, dich zu entspannen, und genieß das schöne Ambiente, das du geschaffen hast. Spür deine tiefe Verbundenheit mit dem Universum. Wisse, dass alle Probleme, die sich dir heute offenbart haben, nun im Begriff sind, gelöst zu werden. Mach dir bewusst, dass du mit deinen übersinnlichen Fähigkeiten in Kontakt getreten bist. Wenn du sie jetzt förderst und kultivierst, werden sie weiter zunehmen und dir überall in deinem Leben helfen.

Dann löschst du die Kerzen aus, führst dein Ritual fürs Ende des Tages durch und schläfst auf deinem göttlichen Traumkissen sanft ein!

Dienstag

Im Zeichen des Kriegsgottes

Der DIENSTAG wird vom Planeten Mars regiert. Dieser Tag soll deine Leidenschaft erwecken, über dich selbst hinauszuwachsen, und dir den Mut schenken, es auch wirklich zu tun. Die Rituale und Aktivitäten dieses Tages helfen dir, dich von allem in deinem Leben zu lösen, was dir nicht mehr dienlich ist.

Ölmischung

Vermisch drei Tropfen Kiefernöl mit einem Trägeröl.

Kleidung

Trag heute Rot – die Farbe des Mutes und der
Entschlossenheit.

DEINE AFFIRMATION FÜR DIENSTAG

»Heute bin ich ein Krieger
Und kämpfe gegen Angst und Stagnation.
Heute bin ich ein Krieger;
Deshalb liegt mein Weg klar vor mir.«

Kräutertee

✳ GINSENGTEE MIT INGWERWURZEL: *Ginseng ist ein ausgezeichnetes Stärkungsmittel. Dieser Tee macht dich fit und vital und stimuliert Körper und Psyche so, dass du dich kraftvoll und allem gewachsen fühlst. Ingwer stärkt dich und beschützt dich gleichzeitig auf magische Weise. Trink heute mindestens fünf Tassen von diesem Tee. Kauf Ginsengtee einfach als Teebeutel und gib in jede Tasse noch ein paar dünne Scheiben frische Ingwerwurzel.*

Weg mit dem alten Ballast

Veranstalte heute zunächst einmal ein Großreinemachen in deiner Wohnung und geh dabei wirklich ganz brutal vor! Das erfordert Mut. Aber indem du dich von altem Ballast befreist, machst du den Weg frei für ungewohnte Perspektiven und neue Energie und stärkst deine Entschlusskraft. Lass dich von der heute herrschenden Energie des Kriegsgottes Mars mitreißen und sing beim Aufräumen folgenden Zauberspruch vor dich hin:

»Stolz und furchtlos,
Tapfer und kühn,
Ohne zu zögern
Treffe ich meine Entscheidungen.«

Lass alles hinter dir, was dich in der Vergangenheit gefangen hält und daran hindert, in der Gegenwart zu leben: alte Briefe, Fotos, ja sogar alte Kleidungs- und Möbelstücke. Spende die Sachen, die noch zu gebrauchen sind, der Heilsarmee oder irgendeiner anderen wohltätigen Organisation. Bevor du sie hergibst, veranstaltest du noch ein kleines Reinigungsritual: Nimm ein angezündetes Weihrauchstäbchen in die Hand und geh dreimal im Gegenuhrzeigersinn um sie herum, während du sagst:

»Ich verbanne alles Negative, was hierin gespeichert ist.«

Dann gehst du dreimal im Uhrzeigersinn um deine alten Sachen herum und sagst:

»Ich erfülle diese Dinge mit Liebe und gutem Willen.«

Sobald du den ganzen alten Kram, den du nicht mehr brauchst, aussortiert hast, stellst du deine Möbel um. Falls du das nicht möchtest, verteilst du all den Schnickschnack auf Tischen und Regalen anders und räumst deine Schränke auf.

Vorbereitung aufs Loslassen

Räucherwerk

Nun mischst du das Räucherwerk zur Reinigung. Dazu nimmst du einen Teelöffel pulverisiertes Drachenblut (oder Cayennepfeffer, falls du kein Drachenblut auftreiben kannst), drei Prisen Tabak und einen halben Teelöffel Weihrauch (oder zwei Tropfen Weihrauch- oder Benzoeöl).

❋ **Alternative:** *Falls du diese Ingredienzien nirgends findest, kannst du stattdessen auch Weihrauchstäbchen verwenden.*

Öffne bei Sonnenuntergang alle Fenster und Türen, um frische Luft hereinzulassen und alte Energien, die sich in deiner Wohnung angestaut haben, zu vertreiben. Dann veranstaltest du folgendes Ritual.

Zünde in einer feuerfesten Schale zwei Holzkohlestückchen an und streue dein reinigendes Räucherwerk darüber. Geh damit von Zimmer zu Zimmer, fächle den Rauch überallhin und sag dabei:

»Ich sage mich von meiner Schwäche los.
Voller Kraft und Stolz trage ich meinen Kopf hoch,
Wenn die Sonne über dem vergangenen Tag untergeht.
Neue Anfänge, neue Leidenschaft –
Mut, der mich nie mehr verlässt.«

Sobald die Sonne untergegangen und deine ganze Wohnung vom Duft des Räucherwerks erfüllt ist, schließt du alle Fenster und Türen wieder. Nun, da du deine Umgebung gereinigt hast, ist es Zeit für eine innere Läuterung.

✳ **Tipp:** *Versuch deine Zauberformeln und Affirmationen vorher auswendig zu lernen, damit du dich wirklich ganz auf dein jeweiliges Ritual einlassen kannst. Magie tritt nur dann in dein Leben, wenn du dich voll darauf konzentrierst und daran glaubst.*

RITUAL DER BEFREIUNG

Dekoriere deinen Altar mit acht orangefarbenen und weißen Kerzen und roten Blumen. Wenn du einen großen gusseisernen Topf oder Kessel besitzt, füllst du etwas Sand hinein und stellst ihn in der Mitte deines Altars auf eine hitzebeständige Unterlage. Falls du keinen solchen Topf haben solltest, stellst du eine schwarze Kerze und einen feuerfesten Behälter bereit. Außerdem solltest du ein rotes Blatt Papier und einen schwarzen Stift parat haben.

Räucherwerk

Vermisch zwei Teelöffel Sandelholzpulver mit drei Tropfen Weihrauchöl.

✳ **ALTERNATIVE:** *Du kannst stattdessen auch Räucherstäbchen mit Sandelholz- oder Weihrauchduft verwenden.*

Für dieses Ritual brauchst du ein Ingwerwurzel-Amulett, das dich stärkt und beschützt. Binde einfach eine rote Schnur, die so lang ist, dass du sie um den Hals tragen kannst, um die Wurzel.

Nun nimmst du beim Schein einer roten Kerze ein Bad und gibst vier Tropfen Kiefernöl ins Badewasser. Dabei meditierst du darüber, was du heute alles geschafft hast und wie du deine Welt allmählich von allem Ballast befreien und dein Leben somit in jeder Hinsicht mutiger und erfolgreicher gestalten kannst.

Führ das folgende Ritual entweder nackt oder in roter Kleidung durch und hänge dir dein Amulett um den Hals. Trag die Kerze an deinen magischen Arbeitsplatz und zünde damit die anderen Kerzen und das Räucherwerk an. Setz dich mit geschlossenen Augen hin, atme den Duft tief in dich hinein und rufe den Rache- und Kriegsgott Mars an.

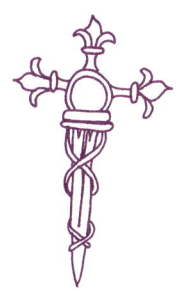

»Mars! Bitte komm zu mir.
Erfülle mich mit deiner Kraft,
Offenbare mir meinen inneren Feind,
Zerstöre alles, was mich bedrückt.«

Spür, wie die Kraft des Kriegsgottes durch deine Adern rauscht. Erkenne und notiere all deine psychischen Blockaden – alte Ängste, alte Begierden –, während Mars mit seinem mächtigen Schwert die Fesseln durchtrennt, die dich an sie binden. Sobald du dich von allem befreit hast, knüllst du das Papier zu einer Kugel zusammen, wirfst es in den Topf und zündest es an (oder du verbrennst es in der Flamme der schwarzen Kerze und lässt die Asche in den feuerfesten Behälter fallen).
Sobald die letzte Glut erloschen ist, klatschst du dreimal in die Hände und sagst:

»Es ist vollbracht.«

Ruh dich einen Augenblick aus und genieß den Frieden und die innere Klarheit, die dich jetzt erfüllen. Alle Konflikte sind von dir abgefallen. Meditiere über die Eigenschaften des Mutes, der Ausdauer und Rechtschaffenheit. Dann vergräbst du die Asche und dein Ingweramulett entweder draußen im Freien oder in einem Blumenkasten und führst dein Ritual zum Ende des Tages durch. Schlaf gut!

Mittwoch

TAG DER WEISHEIT

Der MITTWOCH wird vom Planeten Merkur regiert und ist daher ein Tag, an dem du dir besonders gut Wissen aneignen und deine innere Weisheit weiterentwickeln kannst. (Weisheit ist etwas ganz anderes als Wissen!).

In unserer heutigen Gesellschaft scheint das Ansammeln von Faktenwissen das Allerwichtigste zu sein; aber das hat nichts mit Einsicht und Verständnis zu tun. Weisheit erlangst du erst dann, wenn du nicht nur deinen rationalen Verstand einsetzt, sondern auch die »Muskeln« deiner Kreativität und Fantasie spielen lässt.

Ölmischung

Vermisch je einen Tropfen Zitronen-, Rosmarin- und
Mandarinenöl (oder nur drei Tropfen Mandarinenöl)
mit einem Trägeröl.

Kleidung

Trag heute Violett – die Farbe der Weisheit und
Erkenntnis.

Deine Affirmation für Mittwoch

»Informationen und Weisheit fließen mir zu,
Meine Wahrnehmungsfähigkeit wächst immer mehr.
Meine Fantasie ist der richtige Schlüssel,
Um mir die wahre Weisheit in meinem Inneren zu
erschließen.«

Kräutertees

✳ ROSMARINTEE: *Rosmarin gilt traditionell als Kraut der Erinnerung. Dieser Tee regt also das Gedächtnis an. Nimm einen Teelöffel getrocknete Rosmarinblätter pro Tasse und trink den Tee zu den Mahlzeiten.*

✳ SALBEITEE: *Salbei ist Gehirnnahrung. Dieser Tee fegt die Spinnweben aus deinem Gedächtnis und verhilft zu klarem Denken und unverfälschter Wahrnehmung. Trink heute mindestens drei Tassen von diesem Tee.*

✳ TIPP: *Stattdessen kannst du in der Drogerie oder im Reformhaus auch eine Teemischung kaufen, die die obigen Kräuter enthält.*

LUST AM LERNEN

Leg zunächst einmal eine Liste aller Gebiete an, auf denen du dein Wissen erweitern möchtest. Würdest du gern tiefer in die Kunst der Hexerei einsteigen? Oder studierst du noch und hast Probleme, dir den Stoff einzuprägen und dich bei Prüfungen daran zu erinnern? Musst du in deinem Beruf häufig Präsentationen veranstalten und kannst dir manchmal einfach nicht alle Daten merken? Möchtest du gern ein Musikinstrument spielen lernen, fürchtest aber, dass es zu lange dauern wird? Oder geht es dir gar nicht so sehr darum, Fakten und Zahlen im Gedächtnis zu behalten, sondern eher um persönliche Fragen und Probleme? Wiederholen sich beispielsweise bestimmte Situationen (etwa destruktive Beziehungen) in deinem Leben immer wieder, ohne dass du etwas daraus lernst und dich weiterentwickelst?

Heute wirst du die Tore deines Geistes weit öffnen und deine Fähigkeiten aktivieren, Wissen zu erlangen und es im Gedächtnis zu behalten. Gleichzeitig wirst du mithilfe deiner Fantasie auch deine innere Weisheit weiterentwickeln und lernen, wie du sie nutzen kannst.

Am Vormittag entspannst du dich und liest etwas über Themen, die dich interessieren. Leg Stift und Block bereit und mach dir Notizen darüber, wie du Informationen aufnimmst und verarbeitest. Liest du schnell und überfliegst viele Textpassagen nur, so dass du lediglich einen groben Überblick über das betreffende Thema bekommst? Oder liest du alles ganz gründlich und bist förmlich besessen davon, alle Fakten und Namen im Gedächtnis behalten zu wollen? Verlierst du leicht den Mut, weil dir das alles viel zu schwer erscheint und du glaubst, dir ohnehin nie alles merken zu können? Oder kannst du zwar Informationen aufnehmen, soviel du willst, aber es fehlt dir trotzdem an Inspiration?

Eine Übung im kreativen Schreiben

Am Nachmittag ist es dann an der Zeit, deiner
Fantasie freien Lauf zu lassen. Schau dir deine Notizen
an – was verraten sie über dich? Bist du ungeduldig?
Oder eher ängstlich und nervös? Trinke eine Tasse
Salbeitee und denk eingehend darüber nach, in
welcher Hinsicht du dich ändern möchtest.

Dann erfindest du ein Märchen – eine
Fantasiegeschichte über deine Situation und darüber,
was du gern daran ändern würdest. Dafür musst du
keine begnadete Schriftstellerin sein – der Sinn dieser
Übung besteht darin, eine neue Vision deiner selbst
erstehen zu lassen.

Nimm dir Zeit, Bilder und Symbole für deine momentane Situation zu finden. Ein kleines Beispiel: Du liest rasch und verlierst leicht die Geduld; du langweilst dich schnell, und der Stoff, den du für deine Prüfungen lernen musst, begeistert dich nicht gerade. Also schreibst du folgende Geschichte:

Eine Prinzessin lebt in einem Turm, in den ihre Mutter, die Königin, sie gesperrt hat. Sie darf diesen Turm erst dann verlassen, wenn sie die Namen aller Königinnen, die je gelebt haben, auswendig aufsagen kann. Schließlich soll die Prinzessin eines Tages Königin werden und muss über ihre Vorfahren Bescheid wissen, um ihr Reich gut regieren zu können. Aber die Prinzessin möchte am liebsten nur reiten gehen und mit ihren Freundinnen spielen. Verzweifelt versucht sie, die Namen auswendig zu lernen, aber es gelingt ihr einfach nicht.

Eines Tages landet ein Vogel auf ihrer Fensterbank und sagt: »Ich fliege nun schon seit einem Jahr an deinem Fenster vorbei und immer sitzt du da drin und siehst so traurig aus.«

»Meine Mutter hat mich hier eingesperrt, bis ich alles über sämtliche Königinnen weiß, die je gelebt haben«, erzählt die Prinzessin ihm. »Aber ich schaffe es nicht – ich möchte viel lieber mit den anderen Prinzessinnen draußen spielen.«

»Klarer Fall«, sagt der Vogel. »Du musst dir die anderen Prinzessinnen aus dem Kopf schlagen und dich mit den Königinnen anfreunden. Spiel doch einfach mit ihnen. Dann wirst du dich nicht mehr einsam und ausgeschlossen fühlen, denn dann hast du neue Spielkameradinnen – in der Welt deiner Gedanken!«

Erstaunt sah die Prinzessin den Vogel an. Ja natürlich, das war die Lösung – sie würde einfach mit all den Königinnen Freundschaft schließen! Sie bedankte sich bei dem Vogel, setzte sich wieder an ihre Bücher und lernte all die Namen und interessanten Lebensgeschichten ihrer neuen Freundinnen auswendig. Sie ritt auf dem weißen Pferd der kriegerischen Königin Nirvana in ferne Länder und genoss köstliche Diners mit Königin Laetitia auf ihrem Schloss in Spanien.

Als ihre Mutter das nächste Mal zu ihr kam, um sie zu fragen, ob sie denn nun alles über die Königinnen wisse, konnte die Prinzessin ihr wunderschöne Geschichten über ihre neuen Freundinnen erzählen – und prompt befreite die Königin sie aus ihrem Turm. Aber inzwischen war mit der Prinzessin eine Veränderung vorgegangen: Ihr war klar geworden, dass ihre neu entdeckte Welt der Fantasie und des Wissens viel faszinierender war, als sie je für möglich gehalten hätte. Und so wurde sie zur weisesten Königin, die je gelebt hatte.

Wenn du dein Märchen fertig hast, schreibst du es in dein Buch der Schatten. Du kannst es auch noch mit Zeichnungen oder Fotos aus Zeitschriften illustrieren – lass deiner Kreativität freien Lauf. Je inspirierender die Bilder sind, aus denen du deine Geschichte webst, umso tief greifender wird deine innere Wandlung sein.

JETZT GEHT'S LOS!

Räucherwerk

Misch Räucherwerk aus einem Teelöffel Mazis, einem Teelöffel zermahlener Zedernrinde und einem halben Teelöffel Muskat.

✳ **ALTERNATIVE:** *Falls du diese Ingredienzien nirgends bekommst, kannst du auch Räucherstäbchen mit Lavendel- oder Rosmarinduft nehmen.*

Dekorier deinen magischen Arbeitsplatz am Abend mit sechs violetten Kerzen und Sträußen aus Lavendel und anderen violetten Blüten (Schwertlilien eignen sich zum Beispiel sehr gut, denn sie werden schon seit der Zeit der alten Ägypter mit Weisheit assoziiert). Außerdem brauchst du eine Schale mit Quellwasser und einen Heliotrop. Das ist ein Stein mit magischen Kräften, der Weisheit schenkt.

Schlag dein Buch der Schatten auf der Seite auf, wo dein Märchen beginnt, und leg es in die Mitte des Platzes, an dem dein Ritual stattfinden soll.

Nimm beim Schein einer violetten Kerze ein Bad mit sechs Tropfen deiner Ölmischung und meditiere währenddessen darüber, dass es gar nicht so schwierig ist, Wissen zu erlangen – die eigentliche Herausforderung besteht darin, dieses Wissen auch richtig zu nutzen!

RITUAL ZUM ERLANGEN VON WISSEN UND WEISHEIT

Setz dich nackt oder in einem violetten Gewand an deinen magischen Arbeitsplatz. Blick in die Kerzenflammen und konzentrier dich auf dein Verlangen nach Wissen und Weisheit. Ruf Athene, die griechische Göttin der Weisheit, und Hermes, den griechischen Gott der Intelligenz, mit folgender Beschwörungsformel an:

»Athene und Hermes, weise und wohlwollend,
Erteilt diesem Ritus euren Segen.
Helft mir, mein volles Potential zu entfalten.
Wissen und Weisheit zu erlangen ist jetzt wichtig für
mich,
Um in allen Lebensbereichen mein Ziel zu erreichen.«

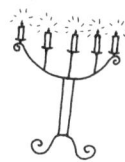

Nun weihst du dein Märchen und lässt ihm den Segen
der vier Elemente zuteil werden. Fächle zuerst
Weihrauch für das Element Luft darüber und sag:

»Die Luft segne meine Bemühungen.«

Dann streust du Salz auf das Buch für das Element
Erde und sagst:

»Die Erde segne meine Bemühungen.«

Jetzt verspritzt du um das Buch herum etwas Wasser und sagst:

»Das Wasser segne meine Bemühungen.«

Zum Schluss hältst du das Buch ins Licht der Kerzen und sagst:

»Das Feuer segne meine Bemühungen.«

Nimm nun den Stein in die Hand, lies dein Märchen laut und konzentrier dich dabei wieder auf seinen tieferen Sinn und seine Botschaft. Meditier darüber, wie sich dein Bild von dir selbst und von deinen eigenen Fähigkeiten gewandelt hat. Sieh vor deinem inneren Auge, wie du alle Lebenssituationen jetzt ganz anders und mit mehr Weisheit bewältigst.

Wenn du möchtest, kannst du noch weitere Erkenntnisse in deinem Buch der Schatten festhalten. Sobald du fertig bist, löschst du die Kerzen aus und beschließt den Tag mit dem üblichen Ritual.

Donnerstag

Mehr Geld?

Kein Problem!

Der DONNERSTAG wird von Jupiter regiert, dem Planeten, der Glück, Großzügigkeit, äußeren und inneren Reichtum und Erfolg bei Rechtsstreitigkeiten bringt. Daher solltest du dich heute Ritualen widmen, mit denen du Glück und Wohlstand herbeizaubern kannst, und das Wissen in dir verfestigen, dass du in jeder Hinsicht das Beste verdient hast.

Ölmischung

Vermisch je einen Tropfen Weihrauch-, Sandelholz-
und Myrrheöl (oder drei Tropfen Bergamottöl) mit
einem Trägeröl.

Kleidung

Trag heute Grün – diese Farbe steht für Glück und
Wohlstand.

DEINE AFFIRMATION FÜR DONNERSTAG

»Der heutige Tag bringt mir Glück
In jeder nur denkbaren Hinsicht.
Wenn ich mich wirklich darum bemühe,
Kann ich nur gewinnen.«

Kräutertee

✳ **BEERENTEE** *aus Himbeeren, Brombeeren und Blaubeeren.*
Beeren symbolisieren Glück und Überfluss. Tee aus Beeren
belebt die Sinne.

✳ **BERGAMOTTE:** *Das ist nichts anderes als Earl Grey-Tee!*
Seinen einzigartigen Duft und sein köstliches Aroma
verdankt er der Schale der Bergamotte, einer kleinen
birnenförmigen Zitrusfrucht, die in Italien angebaut wird.
Sie zieht Reichtum an.

Entscheide dich nun, worauf du dich heute konzentrieren möchtest. Wenn du deinen finanziellen Besitz vermehrst, muss gleichzeitig auch dein Selbstvertrauen wachsen, damit du das Gefühl hast, diesen Reichtum auch zu verdienen. Der günstige Ausgang eines Rechtsstreits oder eine Gehaltserhöhung, von der du glaubst, dass sie dir wirklich zusteht, ist untrennbar mit Redlichkeit bzw. mit Leistung verbunden. Du kannst nun entweder alle folgenden Rituale durchführen oder dich auf diejenigen beschränken, bei denen es um die Dinge geht, die dir persönlich wichtig sind. In der übrigen Zeit entspannst du dich und lässt dich von der Biographie eines Menschen inspirieren, der trotz widriger Umstände zu Reichtum und Erfolg gelangt ist. Mach Pläne und Notizen darüber, wie sich Glück und Wohlstand in deinem Leben manifestieren könnten, und verwende diese Notizen später bei deinem Abendritual.

✳ **Tipp:** *Wenn du möchtest, kannst du den ganzen Tag über Musik laufen lassen, die dich inspiriert, aber nicht ablenkt.*

MORGENS:
RITUAL FÜR BERUFLICHEN AUFSTIEG
UND ENTSCHEIDUNGEN ZU DEINEN GUNSTEN

Für dieses Ritual brauchst du ein junges Pflänzchen –
entweder Minze (für Erfolg) oder Lorbeer (für Glück
und Schutz). Wenn du darauf hoffst, dass eine
Entscheidung zu deinen Gunsten ausfallen möge,
pflanzt du Herzgespann: Dieses Kraut steht für
Zuversicht und das Vertrauen darauf, dass das beste
Resultat erzielt wird. Wenn du am liebsten alle oben
beschriebenen Ziele erreichen möchtest, musst du
Salbei pflanzen. Natürlich brauchst du dazu auch
einen Topf und Blumenerde. Zünde eine
orangefarbene Kerze an, auf die du vorher zwei
Tropfen Bergamottöl gegeben hast, und stelle sie in
eine feuerfeste Schale.

Beschreib nun auf einem weißen Blatt Papier genau deine Situation, über die du dir momentan Sorgen machst. Zum Beispiel:

»Ich fühle mich in meinem langweiligen Job festgefahren. Ich würde gern auf einen interessanteren Posten versetzt werden« oder »Ich mache mir Sorgen darüber, dass mein Prozess vielleicht nicht so ausgeht, wie ich es mir wünsche.«

Lies das, was du geschrieben hast, noch einmal durch; wenn dir noch weitere Kommentare dazu einfallen, notierst du sie ebenfalls.

Nun beschreibst du auf einem grünen Blatt Papier so genau wie möglich das gewünschte Resultat. Lies auch diese Beschreibung anschließend noch einmal durch und versuch dir deine Situation auszumalen, nachdem diese günstige Entwicklung eingetreten ist: Achte dabei auf deine Gefühle, deine freudige Erregung und deine Zufriedenheit.

Sobald diese Gefühle und inneren Bilder ganz intensiv sind, küsst du das Blatt Papier dreimal und sagst: »So soll es sein.«

Nun faltest du das Papier zu einem kleinen Quadrat und legst es in den Blumentopf. Füll den Topf dann mit der Blumenerde und setz dein Pflänzchen hinein. Dabei sprichst du folgende Zauberformel aus:

»Oh Kraut mit heiliger Zauberkraft,
Segne meinen Wunsch und bring ihn zum Blühen;
Hilf mir, dass meine Träume und Ziele sich erfüllen
Und ich mein Schicksal selbst bestimmen kann.«

Dann hauchst du dreimal deinen Atem über die Pflanze, um sie mit deiner Lebensenergie zu erfüllen und ein starkes Band zwischen euch zu schmieden.

Nun verbrennst du das weiße Blatt Papier, vermengst die Asche mit der Blumenerde und sagst:

»Ich löse mich jetzt von der Vergangenheit
Und wende mich einer leichten, mühelosen Zukunft zu.«

Stell die Pflanze für den Rest des Tages auf deinen Altar und hege und pflege sie – denn mit ihr wird auch das gewünschte Resultat wachsen und gedeihen.

NACHMITTAGS:
RITUAL, UM GELD ANZUZIEHEN

Räucherwerk

Vermisch je einen Teelöffel Galgant (Ingwerwurzel) und Sandelholz und zwei Tropfen Patschuliöl miteinander.

❋ **ALTERNATIVE:** *Zünde ein Sandelholz- und ein Patschuli-Räucherstäbchen an.*

Stell zwei goldene und zwei grüne Kerzen rund um eine feuerfeste Schale herum auf deinen magischen Arbeitsplatz und lege »Spielgeld« (zum Beispiel Monopoly-Geld) daneben. Dazu kommen noch eine kleine Schale mit Erde oder Sand und ein Kelch oder eine Schüssel Wasser. Außerdem brauchst du einen Olivin. Er hilft dir, dich von Ängsten zu befreien, und bringt das Geld zum Fließen.

Entzünde nun das Räucherwerk und die Kerzen, trink Earl Grey-Tee, schau in die Flammen und denk über deine Beziehung zu Geld nach. Hast du tief in deinem Inneren das Gefühl, dass du sowieso nie so viel Geld haben wirst, wie du dir wünschst? Könnte es sein, dass du dich deshalb von vornherein nicht richtig darum bemühst?

Würdest du gern einmal im Lotto gewinnen? Gibst du dein Geld schneller aus, als du es einnimmst? Oder bist du habgierig und wünschst dir mehr, als du wirklich brauchst – um dann am Ende vielleicht mit leeren Händen dazustehen? Mach dir auf einem Blatt Papier Notizen zu dem Thema und sei ehrlich zu dir selbst.

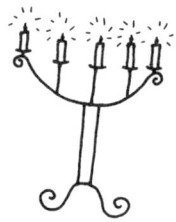

Nimm nun den Kristall in die Hand und sprich
dreimal ruhig folgende Zauberformel vor dich hin:

»Reichtum ist mein rechtmäßiger Zustand.
Ich löse mich von meiner Angst vor Armut.«

Du wirst das Spielgeld nun verbrennen. Aber das
bedeutet nicht, dass du es vernichtest – im Gegenteil,
du befreist dich mit diesem Ritual von deiner
bisherigen Einstellung zum Geld und lässt eine neue
Beziehung dazu entstehen. Auch deine Notizen über
deine jetzige finanzielle Situation und deine bisherige
Einstellung zu Geldangelegenheiten wirst du
verbrennen, um dich innerlich davon zu lösen und
neue Verhaltensweisen zu entwickeln, die dir mehr
Wohlstand ermöglichen.

Also setzt du das Geld jetzt mit den Kerzenflammen in Brand und lässt es in die feuerfeste Schale fallen. Während es dort verbrennt, wirfst du auch noch deine Notizen hinein und sagst mit Nachdruck:

»Ich befreie mich von allem, was bisher war.
Von jetzt an kommt das Geld zu mir.
Ich gebe mein bisheriges Verhalten auf.
Geld manifestiert sich durch die Macht der Vier.
Eins für das Feuer, das Geld verbrennt,
Zwei für die Luft – köstlicher Weihrauchduft.«

(Fächle dabei den Weihrauch über das brennende Geld.)

»Drei für das Wasser, das Ängste auslöscht.«

(Tropf etwas Wasser auf das brennende Geld.)

»Vier für die Erde – der Erfolg ist nah.«

(Bei diesen Worten schüttest du Erde über die Asche.)

Dann gehst du nach draußen und verstreust die Asche und die Erde auf dem Boden.

Verbring den restlichen Nachmittag damit, einen Plan aufzustellen: Was willst du jetzt auf der physischen Ebene unternehmen, nachdem du dich auf der Astralebene von allem alten Ballast befreit hast? Möchtest du dich um einen neuen Job bewerben, einen Fortbildungskurs belegen, um dich für eine bessere Stellung zu qualifizieren, dich um einen Nebenverdienst oder ein Stipendium bemühen? Lass freudige Erregung und Begeisterung aufkommen und sonn dich in dem Wissen, dass alle Pläne, die du jetzt in die Tat umsetzt, sich so verwirklichen werden, wie du es dir wünschst. Schreib deine Pläne in dein Buch der Schatten.

ABENDS: RITUAL FÜR MEHR GLÜCK UND WOHLSTAND

Du wirst nun einen Zauberbeutel anfertigen, der magische Kräfte besitzt und Glück und Wohlstand anzieht wie ein Magnet.

Du brauchst dazu:

✳ *1 grünen Samtbeutel*
✳ *Weihrauch*
(von Jupiter gesegnet; bringt Geld im Überfluss)
✳ *3 Safranfäden (für Glück und Reichtum)*
✳ *1 quadratisches Stück Blech (ungefähr 2 Zentimeter groß)*
(zieht Geld und Besitztümer an; wird von Jupiter regiert)
✳ *1 Olivin von deinem nachmittäglichen Ritual*
✳ *3 Wachsspäne von einer goldenen Kerze, die du bei deinem Nachmittagsritual verwendet hast*
✳ *1 Locke deines Haares*
✳ *1 spitzen Nagel*
✳ *Sandelholz-Räucherwerk, um deinen Beutel zu weihen*

Nimm nun beim Schein einer goldenen Kerze ein Bad, dem du einen Teelöffel Senfkörner beigibst. Das bringt deinen Kreislauf in Schwung und hilft, dein Vorhaben mit magischen Kräften aufzuladen. Dann kleidest du dich für das nun folgende Ritual ganz in Grün oder Gold.

Jetzt errechnest du deine persönliche magische Zahl:

Schreibe dein Geburtsdatum in Zahlen auf. Wenn du am 7. Juli 1975 geboren bist, müsstest du also beispielsweise »7.7.1975« schreiben. Nun zählst du diese Zahlen zusammen: $7 + 7 + 1 + 9 + 7 + 5 = 36$. Um eine einstellige Zahl zu erhalten, addierst du jetzt noch die beiden Ziffern deines Ergebnisses: $3 + 6 = 9$. Also ist deine magische Zahl die Neun. Addiere deine Ziffern immer zu einer einstelligen Zahl, außer der 11 oder 22; diese belässt du.

Ritz diese Zahl nun mit dem Nagel in das Stück Blech ein, leck deinen Daumen ab und fahre damit über die Zahl. Jetzt ist das Blech mit deiner Essenz aufgeladen und wird nur dir ganz persönlich Glück bringen.

Gib alle oben aufgeführten Utensilien in deinen Beutel, atme dreimal hinein und zieh das Band fest zu. Halte ihn dann in den Sandelholzrauch und sag dabei:

»Magischer Beutel, jetzt hast du Zauberkraft
Und arbeitest für mich und meine Ziele.
Zieh immer Glück und Reichtum an,
So dass ich stets nur das Beste erwarte.«

Trag den Beutel sieben Tage lang ständig mit dir herum; danach kannst du ihn in deinem Schlafzimmer deponieren. Lade ihn aber immer wieder mit magischen Kräften auf, indem du ihn jeden Donnerstag in den heiligen Sandelholzrauch hältst und dabei den obigen Zauberspruch wiederholst.

Nun lässt du den Tag mit deinem üblichen abendlichen Ritual ausklingen und gehst ins Bett – denn sicher bist du jetzt ohnehin ganz schön geschafft vom vielen Hexen!

Freitag

ALL YOU NEED

IS LOVE ...

Der FREITAG wird von der Venus regiert. Diesen Tag
solltest du daher der Liebe zu dir selbst und zu allen
anderen Menschen widmen. Verwöhn dich selbst heute
einmal so richtig; versuch dich ganz ohne Vorbehalt zu
akzeptieren und anzuerkennen. Das wird dir in allen
Lebensbereichen zugute kommen.

Ölmischung

Vermische je einen Tropfen Rosengeranien-, Orangen- und Ylang-Ylang-Öl (oder nur drei Tropfen Ylang-Ylang) mit einem Trägeröl.

Kleidung

Trag heute Rosa- und Rottöne – oder zieh Sachen in deiner absoluten Lieblingsfarbe an.

✳ Tipp: *Ich schlage für jeden Tag bestimmte Farben vor, die deinem jeweiligen magischen Ziel entsprechen. Wenn du keine komplette Ausstattung in dieser Farbe besitzt, solltest du wenigstens ein Kleidungsstück oder Accessoire in dieser Farbe tragen. Wenn ich nicht ausdrücklich schlichte Kleidung empfehle, kannst du dich ruhig richtig schön machen. Lass deiner Kreativität freien Lauf – du willst deine magischen Kräfte ja nicht nur spüren, sondern auch Magie ausstrahlen und entsprechend aussehen!*

DEINE AFFIRMATION FÜR FREITAG

»Sinnenfreude und spirituelles Licht,
Segnet mich heute, wie es mir zusteht,
Damit ich Freude und Schönheit erlange und bewahre,
Während sich ein Tag der Liebe vor mir entfaltet.«

Kräutertee

✳ **Walderdbeeren:** *Dieser Tee bringt Glück und Liebe – ganz besonders, wenn du ihn noch mit Honig süßt.*

✳ **Rosenblüten:** *Das stärkste Symbol der Liebe! Lass drei Handvoll frisch gepflückte, duftende Blütenblätter in fast kochendem Wasser ziehen und gieße den Tee durch ein Sieb ab.*

Gönn dir heute erst einmal eine Behandlung in deinem Lieblings-Kosmetikstudio und/oder bestell eine Masseurin bzw. einen Masseur zu dir nach Hause und lass dir all deine Sorgen wegmassieren! Gib Ylang-Ylang-Öl in eine Duftlampe und zünde sie an, um deine ganze Wohnung mit einem sinnlichen, verführerischen Duft zu erfüllen. Leg dich gemütlich aufs Bett oder Sofa und verwöhn dich mit ein paar Köstlichkeiten – mit frischen, saftigen Früchten und süßer Schokolade. Lies schöne inspirierende Gedichte, die dir zu Herzen gehen. Du kannst dich aber auch in ein Buch über die Biologie des Menschen vertiefen, um noch besser zu begreifen, dass dein wertvollster Besitz – dein Körper – eines der größten Wunder der Schöpfung ist.

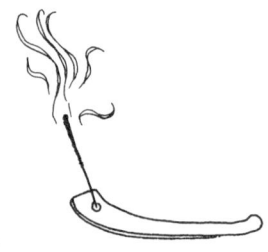

Dein ganz persönlicher Schrein

Deine wichtigste Verwandlungsaufgabe besteht heute darin, einen kleinen Schrein ganz für dich allein zu errichten. Such Fotos von dir heraus – vom Babyalter bis hin zur Gegenwart – und arrangier sie hübsch; du kannst sie zum Beispiel mit sonnengelben Ringelblumen, Stiefmütterchen oder deinen Lieblingsblumen umkränzen. Zwischen den Fotos stellst du blassrosa und zartgrüne Kerzen auf. Schreib mit einem silbernen Stift all die wunderbaren Dinge auf kleine rosa Zettel, die du in deinem Leben schon für dich und andere Menschen getan hast. Du kannst auch noch andere Gegenstände hinzufügen, die dir gefallen, vielleicht eine Trophäe oder einen Preis, der dir verliehen wurde – einfach alles, worauf du stolz bist.

Wenn dein Schrein fertig ist, meditierst du über deine Fotos. Betrachte eines deiner Babyfotos, blick tief in die Kinderaugen und denk darüber nach, was du seitdem alles gesehen und getan hast. Nimm dir Zeit, um zu würdigen, wie du herangewachsen bist und was für unglaubliche Leistungen du dabei vollbracht hast – Dinge, die wir häufig als Selbstverständlichkeit abtun: Du hast laufen und sprechen gelernt; du hast gelernt, zu lieben, zu begehren und zu leben. Mach dir bewusst, dass dein Leben trotz aller Schwierigkeiten eine absolute Erfolgsstory ist! Du bist ein Kind des Universums.

Nun schreibst du auf rosafarbenem Papier einen Liebesbrief an dich selbst – so, als ob du dich gerade in dich selbst verliebt hättest. Sei nicht schüchtern, lass deine ganze Liebe und Bewunderung aufs Papier fließen. Vielleicht kommst du dir dabei am Anfang ein bisschen albern vor, aber schreib trotzdem weiter!

Wenn der Brief fertig ist, rollst du ihn zusammen und legst ihn auf deinen Schrein. Zünde ein Sandelholz-Räucherstäbchen an, fächle den Rauch über den Schrein und sag:

»Diesen Schrein weihe ich mir selbst
Zur Feier meiner Reinheit.
Diesen Schrein weihe ich mir selbst
Zur Feier meiner Aufrichtigkeit.
Diesen Schrein weihe ich mir selbst
Zur Feier meiner Schönheit.«

Lass das Sandelholzstäbchen zur Feier deines Lebens weiterbrennen, nimm ein Foto von deinem Schrein und kleb es in dein Buch der Schatten. Wenn du deinen Schrein dann am Abend wieder abräumst, denk daran, auch den Brief und alle Tagträume, die du dir heute notiert hast, in diesem Buch aufzubewahren!

MAGISCHE FEUCHTIGKEITSCREME

Später kannst du dann eine »magische
Feuchtigkeitscreme« herstellen.

Du brauchst dazu:

✳ *1 Handvoll duftende Rosenblütenblätter*
✳ *1 Handvoll Ringelblumenblütenblätter*
✳ *1 Teelöffel pulverisierte Iriswurzel (muss nicht unbedingt
sein)*
✳ *1 Esslöffel Rosenwasser*
✳ *550 ml kochendes Wasser*
✳ *115 g unparfümierte Feuchtigkeitscreme*
✳ *einen Glasbehälter, den du in kochendem Wasser
sterilisiert hast*

Lass die Blütenblätter zehn Minuten in kochendem Wasser ziehen (das ergibt einen starken Aufguss) und gieß sie dann durch ein Sieb ab. Gib die Feuchtigkeitscreme in ein Glas oder eine Porzellanschale und rühr den Aufguss und das Rosenwasser ein. Vermisch die Zutaten so lange miteinander, bis die Creme abkühlt und dick wird. Falls sie zu flüssig sein sollte, rührst du etwas Iriswurzelpulver hinein. Wiederhol während des Rührens folgenden Zauberspruch:

»Ihr wundervollen Blumen,
Schenkt mir Schönheit,
die sich allen offenbart.«

Füll deine magische Feuchtigkeitscreme nun in den sterilisierten Glasbehälter und bewahr sie im Kühlschrank auf. Du kannst deinen ganzen Körper damit einreiben, um deine natürliche Schönheit zu unterstreichen.

RITUAL DER LIEBE UND SCHÖNHEIT

Räucherwerk

Für das Räucherwerk der bedingungslosen Liebe brauchst du zwei Teelöffel Eisenkraut, einen Teelöffel pulverisiertes Drachenblut, eine Handvoll getrocknete Rosenblütenblätter, drei Tropfen Lavendel- und zwei Tropfen Muskatellersalbeiöl, die du miteinander vermischst.

✳ **ALTERNATIVE:** *Du kannst stattdessen auch Weihrauchstäbchen mit Rosenduft verwenden.*

Dekorier deinen magischen Arbeitsplatz bei Sonnenuntergang mit drei rosafarbenen und drei hellgrünen Kerzen, rosa blühenden Rosen oder anderen prächtigen rosa Blumen und stell einen Spiegel auf. Er kann klein oder auch so groß sein, dass du dich ganz darin siehst. Dann nimmst du ein Bad mit sechs Tropfen deiner ätherischen Ölmischung oder sechs Tropfen Ylang-Ylang. Bade im Lichtschein einer rosafarbenen Kerze und bei den Klängen schöner Entspannungsmusik. Führ das nun folgende Ritual nackt (ein heiliger Zustand und die optimale Voraussetzung für dieses Ritual) oder in deinem Lieblingskleid durch. Ruf die griechische Göttin der Liebe an:

»Wunderschöne Liebesgöttin Aphrodite,
Erleuchte mich mit deinem innersten Wesen
Und segne mit deiner Gegenwart mein Ritual
Der Selbstliebe und inneren Heilung.«

Nimm dir Zeit, dein Spiegelbild zu betrachten, und sei erfüllt von bedingungsloser Liebe zu dir selbst. Denk daran, was du heute alles erlebt hast und wie schön dieser Tag für dich war. Wenn du Probleme damit hast, dich im Spiegel anzuschauen, bitte noch einmal Aphrodite um Hilfe. Mach dir bewusst, dass du jedes Recht dazu hast, dich in dem heiligen, geborgenen Raum, den du geschaffen hast, vorbehaltlos zu lieben und anzuerkennen. Wenn du Komplexe wegen deiner Figur hast, führ dieses Ritual nackt durch, akzeptier deinen wunderbaren, einmaligen Körper und sei stolz darauf.

Danach betrachtest du dich weiter im Spiegel und sagst:

»(Dein Name), du bist gesegnet
Vom Mond, von der Sonne und den Sternen.
Du bist ein Kind des Universums –
Absolut vollkommen so, wie du bist.«

Stärk deine persönliche Kraft, indem du dich ganz intensiv auf die Liebe konzentrierst, die du für Menschen und Dinge empfindest, die dir am Herzen liegen. (Wenn du möchtest, kannst du deine Energie noch weiter erhöhen, indem du bis zum Orgasmus masturbierst.) Sobald du das Gefühl hast, ganz von Liebe erfüllt zu sein, schenkst du diese wundervolle ekstatische Energie allen Menschen auf diesem Planeten. Mach dir bewusst, dass wir alle eins sind, und sag:

»Die Macht der Liebe
Segnet und vereint
Die ganze Schöpfung in heiligem Licht.«

Lösch die Kerzen aus, wende dich deinem Ritual am Ende des Tages zu und träum schön!

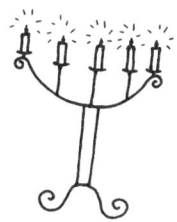

Samstag

Vergeben und Vergessen

Der SAMSTAG wird vom Planeten Saturn regiert. An diesem Tag kannst du die Kraft finden, dich von all deinen Ängsten und deinem Schmerz, von deinem Zorn und deiner ganzen Negativität zu befreien. Heute kannst du jedes noch so heftige Gefühl der Wut und des Hasses austreiben wie bei einer Geisterbeschwörung. Lass deinen geheimsten, negativen Emotionen einmal ganz ungehindert freien Lauf. Diese Erfahrung wird dich innerlich reinigen und heilen.

Ölmischung

Vermisch zwei Tropfen Kampferöl mit einem Trägeröl.

Kleidung

Schwarz für das Ritual selbst, danach Weiß.

DEINE AFFIRMATION FÜR SAMSTAG

»Heute vertreibe ich all meinen Kummer,
Lasse allen Schmerz und Zorn los.
Keine Bosheit, keine Rachegedanken mehr –
Alles Unrecht ist vergeben und vergessen.«

Kräutertees

✳ ENGELWURZ: *Ein schützender und heilender Tee mit angenehmem Aroma.*

✳ SCHAFGARBE: *Man schreibt dieser Pflanze starke magische Kräfte gegen alles Böse und alle Traurigkeit zu. Sie soll sogar ein gebrochenes Herz heilen können.*

✳ ZITRONE UND KNOBLAUCH: *Wenn du dich von viel negativem Ballast befreien möchtest, vermisch Zitronensaft mit heißem Wasser, lass eine Knoblauchzehe ein paar Minuten darin ziehen und trink dann diesen Saft. Knoblauch ist berühmt dafür, das Böse zu vertreiben. (Denke nur an Vampire!)*

✳ DILL: *Diesen Tee sollst du nach deinem Ritual trinken, denn er wirkt beruhigend. Übergieß eine kleine Handvoll Dillstängel und -blätter mit einer Tasse kochendem Wasser und lass sie fünf Minuten lang zugedeckt darin ziehen. Dann gießt du den Tee durch ein Sieb ab und trinkst ihn.*

ABSCHIED VOM INNEREN SCHWEINEHUND

Heute ist der Tag, an dem du einmal ganz ohne
Gewissensbisse so richtig in deiner Wut schwelgen
darfst. Das wichtigste Ritual des heutigen Tages findet
bei Sonnenuntergang statt; also denk vorher ausgiebig
darüber nach, was dich ganz besonders wütend macht
oder gemacht hat. Lass den ganzen Tag über deine
ungeheure Wut, vielleicht auch deine tiefe Traurigkeit
zu. (Wut und Trauer hängen häufig eng zusammen.)
Hör Musik, die dich in deiner rasenden Wut noch
bestärkt, und denk an all die Menschen, die dich
schon verletzt und dein Vertrauen enttäuscht haben –
in physischer, geistiger oder spiritueller Hinsicht:
frühere Freunde, Schulkameraden, vielleicht sogar
Kriminelle, deren Verbrechen wie beispielsweise
Vergewaltigung dich entsetzt haben. Schreib mit roter
Tinte auf schwarzem Papier all die Kränkungen und
Ungerechtigkeiten auf, die du für immer aus deinem
Bewusstsein auslöschen möchtest.

Um dich vor deinem Ritual noch mehr in Rage zu bringen, kannst du etwas Wein trinken, dem du pulverisierte Engelwurz (¼ Teelöffel pro Glas) zugesetzt hast. Dieser Trank befreit dich von deinen Hemmungen, schützt dich aber gleichzeitig auch. Betrink dich jedoch nicht bis zur Bewusstlosigkeit; zwei Gläser sind genug. Du sollst zwar vor Wut kochen, aber nicht die Kontrolle verlieren, sondern deine Grenzen immer noch richtig einschätzen können, ehe du sie überschreitest. Wenn du keinen Alkohol magst, trinkst du statt Wein die vorgeschlagenen Tees.

Deine heutige Arbeit wird dich wahrscheinlich mit alten Gefühlen der Wut und der Traurigkeit konfrontieren, die du vielleicht nicht so gern wieder ans Licht zerren möchtest. Aber die Kräfte des Zorns, des Grolls und des Hasses sind ebenso berechtigt wie die Energien der Liebe und des Mitgefühls. Du solltest sie anerkennen und respektieren. Wenn du sie bewusst aktivieren und kontrollieren kannst, verleihen sie dir Kraft. Dein heutiges Erlebnis reinigt dich also nicht nur, sondern lässt dich auch innerlich wachsen.

Im Auge des Zyklons

Räucherwerk

Misch für dein heutiges Ritual Räucherwerk zu Ehren der hinduistischen Göttin der Schöpfung und Zerstörung, Kali. Sie handelt blitzschnell, zerstört alles Unrechte und lässt stattdessen das Richtige entstehen. Zermahl und vermisch vier Teelöffel Alraunwurzel (oder Beinwell), einen Teelöffel Bilsenkraut (oder Andorn), einen Teelöffel Myrrhe und acht Tropfen Patschuliöl.

✳ **Alternative:** *Zünde Räucherstäbchen mit Patschuli- und Myrrhenduft an.*

Bereite dich bei Sonnenuntergang auf dein Ritual vor. Es wird im Badezimmer stattfinden, denn dort kannst du dich am ehesten schmutzig machen und wieder reinigen, ohne Spuren zu hinterlassen. Schmück deinen magischen Wirkungsbereich mit acht schwarzen Kerzen, die du mit Kampferöl aromatisiert hast. Leg gleich noch eine weiße, mit Neroliöl angereicherte Kerze für später bereit. (Falls du kein Neroliöl hast, besprühst du die Kerze mit deinem Lieblingsparfüm.) Du brauchst für dein Ritual entweder wasserlösliche schwarze Farbe oder, falls du zu Allergien neigst, eine Tonerde- oder Algenschlammmaske in Schwarz oder Dunkelgrün, außerdem eine schöne Seife – ich empfehle Naturseife, am besten mit Mandel-, Sandelholz- oder Lavendelöl –, eine gute Feuchtigkeitslotion (oder deine magische Feuchtigkeitscreme vom Freitag) und ein flauschiges weißes Handtuch.

✳ **Tipp:** *Kerzen zu aromatisieren bedeutet, einen oder zwei Tropfen des betreffenden ätherischen Öls in das Wachs einzureiben, um die Kerze magisch aufzuladen.*

RITUAL DES ZORNS UND DER INNEREN ERNEUERUNG

Zieh dich aus, schließ die Augen und ruf die uralte
indische Göttin Kali an:

>»Kali, Göttin der Vergeltung,
> Ich rufe deine zerstörerische Kraft an.
> Erhelle alles Verborgene.
> Hilf mir, meinen Schmerz loszulassen.«

Lies nun die Liste durch, die du während des Tages
aufgestellt hast. Meditier über all die Dinge, die dich
traurig oder wütend gemacht haben, und erkenn
deinen Schmerz an, indem du dich mit der schwarzen
Farbe oder dem Schlamm beschmierst. Wenn du
physische Narben hast, weil eine Gewalttat an dir
verübt wurde, bestreichst du sie ebenfalls mit
schwarzer Farbe. Lass deinen ganzen Schmerz an die
Oberfläche steigen und weine und schrei dabei; verlier
dich in deinem Schmerz, deiner Angst, deinem Zorn.
Schreib die Namen der Menschen, die dir Unrecht
getan haben, auf deine Haut – bring alles ans
Tageslicht.

Dann betrachtest du dich im Spiegel und rufst wieder
die Göttin Kali an:

»Kali, Göttin der Vergeltung,
Segne mich mit deiner schöpferischen Kraft.
Jetzt kann ich von allem gereinigt und befreit werden,
Was mich einst bekümmert hat.«

Zerreiß deine Notizen mit ein paar kraftvollen
Handbewegungen und wirf sie in den Mülleimer.
Dreh die Dusche voll auf, so dass das Wasser in einem
heißen, kräftigen Strahl herausschießt. Nun stellst du
dich unter die Dusche und siehst zu, wie alles
Schwarze von dir abfließt. Vielleicht überkommt dich
dabei wieder das Bedürfnis zu weinen; aber diesmal
sind es Tränen der Befreiung. Lass auch diese Tränen
vom reinigenden Wasser fortspülen. Seif dich ein, bis
du über und über mit weichem, cremigem Schaum
bedeckt bist, um auch noch die letzten Spuren deiner
negativen Emotionen zu beseitigen.

Dann stellst du die Dusche ab und bläst die schwarzen Kerzen aus. Zünde die weiße Kerze an und trockne dich liebevoll ab. Massier die Feuchtigkeitslotion sanft in deine Haut ein und fühl dich frei, gereinigt und geheilt.

Nun kochst du dir einen Dilltee und entspannst dich für den Rest des Abends. Du kannst dir zum Beispiel einen schönen Film ansehen oder ein wunderbares Buch lesen. Dann führst du dein Ritual für das Ende des Tages durch und schläfst tief und fest wie ein Baby!

Sonntag

DIE WELT

IST SCHÖN

Der SONNTAG **wird von dem Stern regiert, der uns am
nächsten ist – der Sonne. Nutz heute einmal den
»spirituellen Reichtum« der Sonne, um mit der Natur
und den Elementen Zwiesprache zu halten. Mit
anderen Worten: Veranstalte ein Picknick ganz für
dich allein!**

Ölmischung für die Chakren

Vermisch je einen Tropfen Orangen-,
Muskatellersalbei- und Ylang-Ylang-Öl (oder drei
Tropfen Muskatellersalbeiöl) mit einem Trägeröl.

Kleidung

Trag heute Blau (als Symbol für Harmonie) oder
Orange (die Farbe der Sonne) – oder beides
zusammen! Wähl zweckmäßige Kleidung aus, in der
du frei durch die Natur streifen kannst – sie sollte
aber trotzdem festlich wirken. Du sollst einfach
umwerfend aussehen!

DEINE AFFIRMATION FÜR SONNTAG

»Heute feiere ich mein Leben
Und schenke allen Lebewesen mein Wohlwollen.
Ich ehre die Natur und meinen Platz
In einer Welt voller Anmut und Schönheit.«

Kräutertee

✳ **KAMILLE:** *Lass Kamillenblüten zusammen mit Orangenschalen und je einer Prise Zimt, Muskat und Gewürznelke in kochend heißem Wasser ziehen – die ideale Mischung, um der Leben spendenden Kraft der Sonne Ehre zu erweisen!*

Steh so zeitig auf, dass du den Sonnenaufgang beobachten kannst, und mach in der Morgensonne ein paar Yoga- oder Dehnübungen. Spür, wie die Sonnenstrahlen deine Haut durchdringen und deinen Platz im Universum erwärmen und erhellen. (Wenn es bewölkt sein sollte, denkst du einfach daran, wie hell die Sonne über den Wolken strahlt!) Dann nimmst du ein leichtes Frühstück zu dir und beginnst mit den Vorbereitungen für dein magisches Picknick.

DAS IDEALE PICKNICK

Dein Picknick besteht nur aus frischen, naturbelassenen Nahrungsmitteln – und doch haben alle Zutaten eine tiefere magische Bedeutung. Also verkleistere die Nudeln nicht mit Käse und iss die Äpfel nicht mit Eiscreme! Wenn du diese Nahrungsmittel heute zu dir nimmst, führst du ein heiliges Ritual aus. Daher ist es wichtig, dich beim Essen voll zu konzentrieren und an deine magischen Ziele zu denken.

✳ *Bereite frische Weizengrießnudeln zu und füg Oliven (zu Ehren des Sonnengottes), Petersilie (zu Ehren der Sonnengöttin), Thymian (um besser mit den Naturgeistern kommunizieren zu können), »Liebesäpfel«, also Tomaten (für göttlichen Segen) und Walnüsse (sie stehen unter der Herrschaft der Sonne) hinzu. Vermeng das Ganze mit reinem Olivenöl, in dem du seit dem Vortag eine zerdrückte Knoblauchzehe, acht Thymianzweiglein, acht Wacholderbeeren (für Gesundheit und Energie) und einen Teelöffel schwarze Pfefferkörner (für Enthusiasmus) ziehen lassen hast.*

✳ *Selbst gebackenes Maisbrot (um die Fruchtbarkeit und die nährenden Gaben der Erde zu feiern).*

✳ *Klein geschnittene Äpfel (für Liebe) mit Honig und schwarzen Johannisbeeren (für Glück und zärtliche Gefühle).*

✳ *Wein (zu Ehren der Fruchtbarkeit des Bodens) – wenn du möchtest, kannst du einen süßen, fruchtigen Wein nehmen; andernfalls trinkst du süßen Traubensaft oder Mineralwasser mit Kohlensäure. Tauch in jedes Glas, das du trinkst, vorher ein Lorbeerblatt ein: Das bringt Segen.*

Nimm zu deinem Picknick eine dunkelblaue oder grüne Decke bzw. ein Tuch in den entsprechenden Farben und ein schönes Kelchglas mit. Pack Essen und Getränke, Geschirr und Besteck in deinen Picknickkorb. Außerdem brauchst du noch vier dunkelblaue Kerzen für dein Ritual (kauf Windlichter oder stell die Kerzen in Glasbehälter, damit der Wind sie nicht ausbläst), Weihrauch, eine feuerfeste Schale und ein paar Holzkohlestückchen, um den Weihrauch zu entzünden. Nimm nichts zum Lesen mit, sondern nur dein Buch der Schatten, um alle inspirierenden Gedanken und Erkenntnisse einzutragen.

Wähl für dein Picknick einen schönen Platz aus, an dem die Elemente Luft und Erde, Feuer und Wasser vorhanden sind. Vielleicht einen einsamen Strand, einen schönen Park mit einem Teich – die Stelle sollte leicht zu erreichen und so gelegen sein, dass du dich dort sicher fühlst. Wenn du einen schönen Garten mit einem kleinen Teich oder etwas Ähnlichem hast, kannst du auch zu Hause bleiben. Und verschieb dein Picknick nicht, falls es regnen sollte – wenn du allein und ungestört bist, kannst du dich nackt in den Regen stellen und den Kontakt mit dem Wasser genießen.

Räucherwerk

Misch Räucherwerk für deine »Zwiesprache mit der Natur«: drei Teelöffel Sandelholz, drei Teelöffel getrockneten Lavendel, einen Teelöffel Veilchenblüten (oder andere duftende Blüten, zum Beispiel Jasmin, Gardenien oder Rosen) und fünf Tropfen Rosengeranienöl. Während du diese Ingredienzien miteinander vermischst, wiederholst du folgenden Zauberspruch:

»Liebe und gute Neuigkeiten in Hülle und Fülle
Soll der Duft des heiligen Rauches mir bringen.«

✳ **ALTERNATIVE:** *Zünde Räucherstäbchen mit Geranien- oder Gardenienduft an.*

IM EINKLANG MIT ALLEN DINGEN

Wenn du am Platz für dein Picknick angelangt bist,
breitest du die Decke auf ebenem Boden aus und
stellst an den vier Ecken der Decke deine Kerzen auf.
Wenn der Platz, den du gewählt hast, abgeschieden
genug ist, du dich dort aber trotzdem sicher fühlst
(und es nicht zu kalt ist!), kannst du dein Picknick im
Evaskostüm veranstalten, um den Kontakt mit der
Natur um dich herum noch zu vertiefen.

Pack dein Essen aus, setz dich in die Mitte deiner
Decke und erheb die Hände zum Himmel. Ruf Pan,
den Gott der Natur, und Gaia, die Erdgöttin, mit
folgenden Worten an:

»Große, alles erhaltende Mutter Gaia, kraftvoller Waldgott
Pan, umgeben von eurer Schönheit und dem Reichtum der
Erde danke ich euch. Geborgen in eurer Umarmung, bin ich
vom Glück gesegnet, und mir ist bewusst, dass alles im
Schutz eurer liebevollen Fürsorge beginnt und endet.«

Genieß dein Festmahl und opfere ein paar Krumen deines Essens und ein paar Tropfen deines Getränks der Erde. Nimm die Natur um dich herum mit allen Sinnen in dich auf und sei dir beim Essen der Tatsache bewusst, dass du aus denselben Elementen bestehst wie deine gesamte Umgebung. Spür deine enge Verbindung mit der ganz besonderen Biosphäre, die deine Heimat ist – der des Planeten Erde.

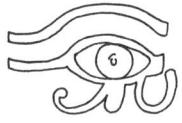

Nach dem Essen ist es an der Zeit, dich auf die Elemente einzustimmen. Leg dich flach auf den Boden und nimm die Jahrtausende alte Energie der Erde in dich auf. Sieh vor deinem inneren Auge, wie du auf einem riesigen Planeten liegst, der sich im Weltraum dreht. Sobald dein ganzer Körper von den Schwingungen der Erde erfüllt ist, sagst du:

»Die Erde hat mich geboren, die Erde segnet mich.«

Nun stehst du auf, schließt die Augen und spürst die Luft um dich herum. Achte auf die sanfte Brise oder den heftigen Wind um dich herum und sag:

»Die Luft hat mich geboren, die Luft segnet mich.«

Jetzt setzt du dich vor dein Lagerfeuer (oder hältst eine Kerze in beiden Händen). Spür die Wärme der Flammen (falls es windig sein sollte, schirmst du die Kerzenflamme mit der hohlen Hand ab) und beobachte, wie sie hin und her flackern. Lass dich von den tanzenden, dahinschmelzenden Flammen in ihren Bann ziehen. Sieh darin den Kern des Planeten Erde, auf dem du stehst, und das feurige Rund der Sonne am Himmel. Dann sag:

»Das Feuer hat mich geboren, das Feuer segnet mich.«

Nun schwimmst du eine Runde im Meer, tauchst die Füße in einen Tümpel oder stellst dich in den strömenden Regen – halte auf deine Art und Weise Zwiesprache mit dem Wasser. Denk an die Ozeane auf diesem Planeten; mach dir bewusst, dass dein Körper zu 70 Prozent aus Wasser besteht, und spüre, wie es dich mit seinen fließenden, heilenden Eigenschaften umspült. Dann sagst du:

»Das Wasser hat mich geboren, das Wasser segnet mich.«

Meditier wieder darüber, wie du aus diesem Planeten
hervorgegangen bist. Sein Leben ist dein Leben.
Entspann dich im Anschluss an diese Meditation und
genieß weiterhin die wunderschöne Natur!

Achte darauf, nach dem Picknick alles wieder
mitzunehmen und keine Spuren deiner Gegenwart zu
hinterlassen (höchstens vielleicht eine mit einem Stein
beschwerte oder an einen Zweig gebundene
Haarlocke als Opfergabe).

Wenn du nach Hause kommst, informierst du dich im Internet oder telefonisch (vielleicht lässt sich das auch erst am Montagmorgen erledigen) über die notwendigen Schritte, um einer Umwelt- oder Naturschutzvereinigung beizutreten (falls du noch nicht Mitglied einer solchen Organisation bist). Leih dir Natur- und Tierfilme aus, damit du am Abend noch mehr von den Wundern unseres schönen Planeten genießen kannst.

Beschließ den Tag mit dem üblichen Ritual und träum davon, die Landschaften, die du in den Videofilmen gesehen hast, bald einmal direkt zu erleben!

Magisches Mini-Programm

HEXEREI

IM ALLTAG

Du kannst dir selbst beim allerbesten Willen in den nächsten zwei Monaten keinen einzigen Tag frei nehmen, und schon gar keine ganze Woche? Trotzdem möchtest du aber gern ein bisschen mehr Magie in dein Leben bringen, und zwar JETZT GLEICH? Dazu gibt es jede Menge Möglichkeiten! Wenn du gerade erst angefangen hast, dich für Magie und Hexerei zu interessieren, denkst du vielleicht: »Mein ganzes Leben braucht eine Generalüberholung. Ich weiß gar nicht, wo ich anfangen soll, es ist alles so schwierig.« Also liest du ein nettes Buch darüber, legst es dann wieder weg – und tust gar nichts. Das ist der falsche Weg. Die beste Methode, deine verborgenen Fähigkeiten zu entdecken, besteht darin, dich jeden Tag ein klein bisschen in der Kunst der Magie zu üben.

Zum Beispiel kannst du jeden Tag mit dem Drudenfußgruß beginnen und beenden. Das ist eine wunderbare Möglichkeit, dich auf die magischen Kräfte des Universums einzustimmen und zu bekräftigen, dass du wirklich felsenfest entschlossen bist, deine verborgenen Kräfte zu erforschen.

Nimm dir Zeit, ein magisches Umfeld für dein Leben und deine Arbeit zu schaffen – du kannst deine Wohnung zum Beispiel mit dem Duft von Räucherwerk oder ätherischen Ölen erfüllen, statt Raumspray zu versprühen. Stell überall Topfpflanzen, Blumen und hübsche Accessoires hin: im Haus und im Büro. Kauf dir auf dem Weg zur Arbeit eine Blume in der Farbe, die deinem heutigen magischen Vorhaben entspricht, und steck sie dir ins Knopfloch oder stell sie in eine Vase. Das wird dir helfen, dich auf deine Ziele zu konzentrieren und sie auch zu erreichen.

Farben

Liebe – Rosa
Reichtum – Grün
Intellektuelle Fähigkeiten – Gelb
Gesundheit – Blau
Weisheit – Violett
Schutz – Weiß
Leidenschaft – Rot
Erkenntnis – Silber
Glücklichsein – Gold
Zuversicht und Glück in materiellen Dingen – Orange
Ungestörtheit – Schwarz

Ätherische Öle

Kommunikation – Basilikum
Zuversicht und Selbstvertrauen – Mandarine
Liebe und Glück – Rosengeranie
Spirituelle Kraft – Sandelholz
Schutz – Weihrauch
Physische Kraft – Zitrone
Wohlstand – Bergamotte
Sexappeal – Frauen: Ylang-Ylang; Männer: Zimt
Weisheit – Patschuli
Gesundheit – Lavendel

Parfümier ein Taschentuch mit dem entsprechenden ätherischen Öl, wickle es um einen Kristall und trag es immer bei dir, um deinen Tag mit Magie zu erfüllen.

Kristalle

Innere Kraft – klarer Quarzkristall
Erleuchtung – Amethyst
Liebe und Freundschaft – Rosenquarz
Geschäftlicher Erfolg – Jaspis
Weisheit – Heliotrop
Intellektuelle Fähigkeiten – Zitrin
Kommunikation – blaugebänderter Achat
Glück und Mut – Tigerauge
Magische Kräfte – Fluorit
Gesundheit – Frauen: Mondstein; Männer: Rauchquarz

Hab immer einen Stift und ein kleines Notizbuch dabei, damit du dir visionäre Erkenntnisse oder ungewöhnliche Gedankengänge sofort notieren kannst.

Schreib zu Beginn der Woche einen Brief an dich selbst, in dem steht, was du in den kommenden sieben Tagen alles erreichen möchtest. Steck ihn zusammen mit einem klaren Quarzkristall und einem Salbeiblatt (für innere Kraft) in einen Umschlag und bewahr ihn an einem sicheren Ort auf. Das wird dir helfen, deine Ziele zu erreichen. Wenn die Woche vorüber ist, klebst du den Brief in dein Buch der Schatten und schreibst einen neuen – das wird dir deine Fortschritte bewusst machen und dich noch dazu immer wieder neu inspirieren.

Meld dich zu einem Massage- oder Aromatherapiekurs an, vielleicht auch zu einem Seminar über gesunde Ernährung oder Heilpflanzen. Wir Hexen sind die geborenen Heilerinnen – das Heilen ist eine unserer größten Leidenschaften. Wir wissen, dass es uns Kraft vermittelt, etwas für andere Menschen zu tun. Gib deinen Mitmenschen großzügig von allem ab, was du besitzt – von deiner Zeit und von deiner Energie. Engagier dich in einer wohltätigen Organisation, hilf mit, den Park deiner Heimatstadt von Abfällen zu säubern, besuch Menschen im Altenheim, koch für deine Familie ein ganz besonders gesundes, vitaminreiches Essen oder überrasch deinen Liebsten einfach einmal mit einer Massage!

Sei stolz auf dich und achte immer sehr auf dein Aussehen. Wenn du deine verborgenen Kräfte und Fähigkeiten aktivierst, wirst du von innen heraus zu strahlen beginnen, und dieser magische Glanz wird alle Menschen verzaubern, die mit dir in Berührung kommen!

DIE MAGISCHE KRAFT DES FEUERS

Einer der einfachsten und zugleich wirksamsten Zauber für Hexen und alle, die es werden wollen, ist der Kerzenzauber. Dazu brauchst du nur eine Kerze in der Farbe deines Vorhabens, ein entsprechendes ätherisches Öl, ein scharfes Messer, Streichhölzer und ein paar Minuten Zeit – entweder morgens oder spätabends. Ritz deinen Namen in eine und dein Ziel in die andere Seite der Kerze ein. (Wenn du zum Beispiel Streit mit deinem Freund hattest und dich gern wieder mit ihm versöhnen möchtest, ritzt du das Wort »Freundschaft« in die Kerze ein.)

Leck deinen Daumen ab und fahr damit über deinen Namenszug, um die Kerze spirituell in Besitz zu nehmen. Dann reibst du ein paar Tropfen ätherisches Öl auf die Seite, in die du dein Ziel eingeritzt hast. (In unserem Beispiel würdest du Rosengeranienöl – für Liebe – verwenden.)

Zünd die Kerze jetzt an, schau in die Flamme und sieh vor deinem inneren Auge, wie dein Ziel sich manifestiert. (Zum Beispiel, wie du deinen Freund lachend umarmst und der Streit wieder vergessen ist.) Konzentrier dich ein paar Minuten lang auf dieses Bild, lösch die Kerze dann aus (aber blas sie nicht aus – damit würdest du die Magie vertreiben!) und verwahre sie an einem sicheren Ort.

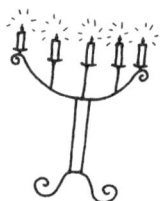

Wiederhol das ganze Ritual sieben Tage lang oder bis du dein Ziel erreicht hast: Befeuchte jeden Tag deinen Namenszug mit Spucke, reib dein Ziel mit ätherischem Öl ein, zünde die Kerze an und konzentrier dich. (Solche Zauber wirken sehr schnell, weil sie von der starken Verwandlungskraft des Feuers genährt werden.)

DEIN KÖRPER IST DEIN TEMPEL –
ALSO RENOVIER IHN RUHIG EINMAL!

Dein Körper ist dein Tempel – und genau wie jedes ganz gewöhnliche Haus muss auch er ab und zu renoviert werden. Wenn du dich wirklich für die Magie des Universums öffnen und deine geheimen Kräfte und Fähigkeiten aktivieren willst, muss das Gefäß, durch das diese Kräfte fließen sollen, rein sein. Das heißt aber nicht, dass du jetzt sofort Vegetarierin werden musst und keinen Alkohol und keinen Kaffee mehr trinken darfst (obwohl das ein wunderbarer Anfang wäre!). Viele gute Hexen und Magier essen Fleisch und trinken gern ab und zu ein Gläschen – wichtig ist nur, dass du dich unter Kontrolle hast und dir Grenzen setzt. Du musst also schon ein wenig dein Gewissen erforschen und dir überlegen, was an deiner Lebens- und Ernährungsweise gut für dich ist und was nicht, und deinen Lebensstil entsprechend ändern.

149

WAS? KEIN KAFFEE MEHR?

Kaffee ist für viele Menschen selbstverständlich – wir denken: »Ohne Kaffee am Morgen komme ich doch gar nicht in Schwung!« Aber das stimmt nicht – es geht auch ohne. Ich muss es wissen, denn ich war der größte Kaffee-Freak. Ich begann jeden Tag mit zwei Tassen Espresso, so stark, dass der Löffel darin stecken blieb, vormittags und nachmittags dann noch ein paar Tassen Milchkaffee. Mir wurde klar, dass ich süchtig nach Koffein war. Statt meine Lebensgeister zu wecken, war der Kaffee zu einer Belastung geworden.

Also versuchte ich es ohne Kaffee. Ein paar Tage lang war ich ziemlich benommen und hatte Kopfschmerzen, doch dann fühlte es sich an, als ob die Sonne strahlend durch die Wolken hindurchbräche. Ich litt nicht mehr unter Schlaflosigkeit, sondern schlief die ganze Nacht tief und fest und war morgens ausgeruht und voller positiver Gedanken – ohne mich mit Kaffee aufputschen zu müssen!

Ab da begann mich die Welt der Kräutertees zu faszinieren. Ich arbeitete als Hexe viel mit Kräutern und trank immer häufig Kräutertee. Doch mein Organismus war durch das viele Koffein so abgestumpft, dass ich die feine und tiefgreifende Wirkung der Heilkräuter gar nicht mehr spürte.

Ich rate dir, während deiner magischen 7-Tage-Kur den Kaffee ganz zu streichen, damit du die Vorzüge der Kräutertees auch wirklich nutzt. Du kannst am meisten davon profitieren, wenn du sie ganz bewusst trinkst und dir dabei ihre magische Bedeutung vor Augen führst – das wirkt sich positiv ebenso auf deine Psyche aus, wie die Inhaltsstoffe der Kräuter deinen Körper und deinen Geist beeinflussen.

Vielleicht hast du nach deiner magischen Verjüngungskur gar keine Lust mehr auf Kaffee. Wenn du gern in Cafés gehst, kannst du dort auch koffeinfreien Kaffee bestellen. Befass dich mit den vielfältigen Eigenschaften und Wirkungen der Kräuter und sorg für Abwechslung – so werden die Tees dich stets stimulieren und ihre optimale Wirkung entfalten!

UND WAS IST MIT ANDEREN LASTERN?

Nun zum Thema Alkohol ... Ich hielt mich immer für eine harmlose »Gesellschaftstrinkerin«: Nachmittags einen Campari Soda, zum Abendessen ein paar Gläser Wein und als Schlummertrunk einen Kognak. Klingt gar nicht so schlimm – aber wenn man das jeden Tag macht und dann noch die Drinks beim Mittagessen oder abends in der Disco dazurechnet, kommt einiges zusammen! Ich wachte morgens mit einem Kater auf und hatte mich schon so daran gewöhnt, dass ich dachte, diese leicht umnebelte, dumpfe, deprimierte Stimmung sei nur ein Zeichen dafür, dass ich eben allmählich älter wurde. Während meiner magischen Verjüngungskur trank ich überhaupt keinen Alkohol – und wieder fühlte ich mich, als ob die Sonne aufginge. Mir wurde klar, dass der Alkohol mich lange daran gehindert hatte, mein volles Potential auszuschöpfen.

Denk einmal kritisch über dein Verhältnis zum Alkohol nach – könntest du mit weniger auskommen? Wäre es nicht besser, nur einmal pro Woche Alkohol zu trinken und das als ganz besonderes Erlebnis zu genießen? Ich selbst liebe die Kultur des Weintrinkens, habe aber festgestellt, dass ich das am besten genießen kann, wenn ich mir nur zu speziellen Anlässen einen besonders edlen Tropfen gönne.

Wenn ich schon beim Predigen bin, möchte ich auch noch auf eine andere von der Gesellschaft akzeptierte Sünde und in der Werbung stark angepriesene Droge zu sprechen kommen: Zigaretten. Dazu fällt mir nur eines ein: Pfui Teufel! Wenn du Rauch einatmen möchtest, zünde doch einfach ein Räucherstäbchen an.

Es geht auch ohne Chemie

Warum versuchst du es nicht einmal mit Nahrungsmitteln aus biologischem Anbau? Fleisch und Eier von frei laufendem Geflügel, ohne Pestizide angebautes Obst, Gemüse und Getreide, liebevoll auf der Fensterbank gezogene Kräuter liefern deinem Körper schadstofffreie Nahrung und eine geballte Ladung Lebenskraft – genau das Richtige für jemanden, der sich mit Magie beschäftigt!

Natürlich musst du deine Ernährungsgewohnheiten nicht von heute auf morgen umstellen – selbst wenn du jeden Tag nur einen Apfel aus biologischem Anbau essen solltest, ist das schon ein guter Anfang. Wenn du mit der Zeit sensibler wirst und deine magischen Kräfte sich immer mehr entfalten, wird die Entscheidung für ein gesünderes Leben dir zur zweiten Natur werden.

MAGIE IM TÄGLICHEN LEBEN

Es gibt so viele Möglichkeiten, Magie in deinen Alltag zu bringen – am besten beginnst du bei dir selbst und deiner Lebenseinstellung. In unserer modernen Welt geht es hauptsächlich um rationales Denken und die Beherrschung der Natur. Wenn du dennoch das Gefühl hast, dass allem etwas Mystisches, »Übernatürliches« zugrunde liegt, bist du bereits auf dem besten Weg, dich für eine ganz neue Realität zu öffnen, die dich inspiriert, bereichert und wahrhaft magisch ist.

Hier sind ein paar ganz einfache, praktische Vorschläge, wie du dein Zuhause und deinen Arbeitsplatz mit mehr Magie erfüllen und dabei auch noch jede Menge Spaß haben kannst.

✳ *Versuch im Haushalt möglichst wenig giftige Chemikalien und stattdessen organische Reinigungsmittel zu benutzen (in Reformhäusern, Naturkostläden, inzwischen auch in Supermärkten erhältlich).*

✳ *Füg deinem Putzmittel für den Boden eine Tasse Basilikumtee (zwei Handvoll frische Blätter pro Topf) hinzu, um abgestandene Energien zum Fließen zu bringen und Harmonie aufkommen zu lassen.*

✳ *Putz die Türgriffe mit einem Galgant-Aufguss – das bringt Glück.*

✳ *Häng ein Lorbeerbüschel über die Haustür, um dein Haus zu segnen.*

✳ *Stell einen Topf mit Minze auf deinen Schreibtisch – das verhilft dir zu Wohlstand und besseren beruflichen Entscheidungen.*

✳ *Wenn du einen offenen Kamin hast, wirf Lavendelzweige ins Feuer – dadurch schützt du dein Haus und erfüllst es mit einem köstlich-würzigen Duft.*

✳ *Häng in deiner Küche einen Kranz Knoblauchzehen auf – das bringt Gesundheit.*

✳ *Probier einmal folgende alte viktorianische Methode aus, Unglück abzuwenden: Trag deine Kleider verkehrt herum oder mit der Innenseite nach außen! (Versuch es mit Unterwäsche oder Socken – dann sieht es niemand.)*

✳ *Gib ein paar Tropfen Zitronengrasöl in dein Bad und trink Zitronengrastee – auch das beschützt dich vor Unglück.*

✳ *Wenn du eine Münze auf dem Boden siehst, solltest du sie stets aufheben, denn das bringt Glück. Behalte sie mindestens eine Woche lang und spende sie dann für einen wohltätigen Zweck – gib sie niemals aus, denn das kann Unglück bringen.*

✳ *Wenn dir am Freitag, dem dreizehnten, eine schwarze Katze über den Weg läuft, nimm sie hoch und umarm sie!*

LAST, BUT NOT LEAST ...

Glaub an dich und deine Methoden – selbst wenn andere Menschen dich und dein vielleicht gerade erst erworbenes Hexenwissen kritisieren sollten. Kritik entspringt meist der Angst vor dem Unbekannten – also fühl dich dadurch nicht bedroht, sondern überleg dir lieber, ob du deinen Kritikern vielleicht ein bisschen was beibringen kannst! Verfolg deine Träume und genieß deine einmalige Reise durch gute und schlechte Zeiten – eine Hexe heißt das Leben in allen Formen und Gestalten willkommen.

Denk daran: Was die Welt dir antwortet, hängt von den Fragen ab, die du an sie stellst. Wahre Magie ist überall um dich herum – du brauchst nur danach zu suchen.

Gottes Segen sei mit dir.

Bitte besuch auch meine Internetseite:
www.fionahorne.com